PIEDRAS VIVAS

Una serie de estudios bíblicos
por John MacArthur

· Pentateuco ·

GÉNESIS 1–11

La creación, el pecado y
la naturaleza de Dios

Lifeway recursos

Piedras vivas: Pentateuco
Génesis 1–11: La creación, el pecado y la naturaleza de Dios
Publicado por B&H Español • © 2025 Lifeway Recursos®

ISBN 9798384506997
Ítem 005849273

Título del tema: DEVOCIONALES / ESTUDIO BÍBLICO / ENSEÑANZA / DIOS

Para pedir copias adicionales de este recurso, llame al 1 (800) 257-7744, visite nuestra página, www.lifeway.com o envíe un correo electrónico a recursos@lifeway.com. También puede adquirirlo o solicitarlo en su librería cristiana favorita.

Impreso en China

Publicación de Lifeway Recursos
200 Powell Place, Suite 100
Brentwood, TN 37027-7707

LIFEWAY RECURSOS EQUIPO EDITORIAL

Giancarlo Montemayor
Vicepresidente,
Lifeway Global

Carlos Astorga
Director editorial

Jeslys Castro
Coordinadora editorial

Denisse Manchego
Asistente editorial

Xiomara Pedrahita
Revisión de contenido

Andrea Nulchis
Diseño gráfico

Grupo Scribere
Traducción, edición y adaptación del diseño en español

Contenido

Cómo utilizar este manual de estudio

Utilice esta guía visual para entender mejor el orden de este manual de estudio y descubrir la forma en la que está diseñado para facilitar su aprendizaje y ayudarlo a aplicar efectivamente cada principio bíblico.

Número de sesión

Cada sesión está claramente indicada. Se sugiere estudiar una sesión por semana.

Pasaje bíblico de estudio

Cada sesión se enfoca en el estudio de un pasaje determinado, el cual se indica en la página de inicio.

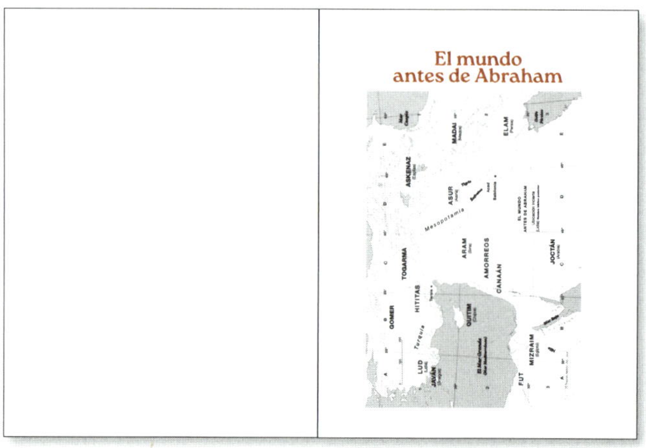

Mapas

Cada texto contiene uno o más mapas que aportan significativamente al estudio exhaustivo de la Escritura.

Contexto

Antes de sumergirse en el estudio es importante comprender su contexto. Esta sección proporciona el trasfondo que le ayudará a ubicar mejor los tiempos así como los eventos bíblicos del pasaje de estudio.

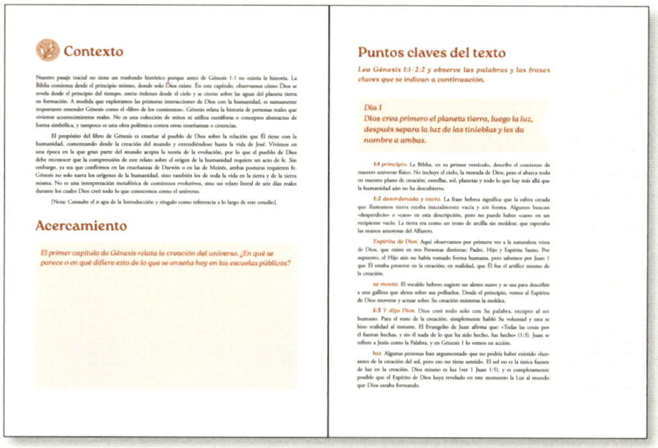

Puntos claves del texto

Se trata de las palabras o frases que se destacan dentro del pasaje bíblico que se está estudiando. En cada punto se especifica el versículo al que corresponden.

Espacio para tomar nota

Se ha designado esta área donde usted podrá registrar sus pensamientos, ideas, conocimientos nuevos y todo lo que proceda de su estudio de la Escritura.

Analice el texto

Las preguntas de esta sección están diseñadas para cimentar sus conocimientos a través del análisis profundo del pasaje estudiado.

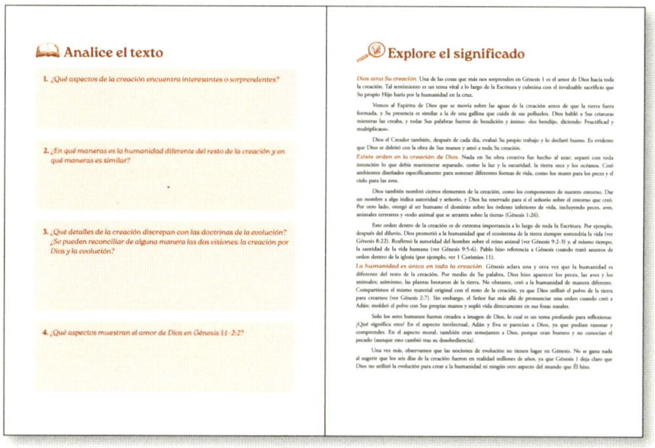

Explore el significado

Esta sección ampliará su comprensión de la Escritura y le ayudará a consolidar una perspectiva bíblica de los temas estudiados.

Reflexione sobre el texto

Mediante estas preguntas se pretende llevarlo a una reflexión exhaustiva del texto bíblico aplicado a su propia vida y a la posterior puesta en práctica del aprendizaje en su vida cotidiana.

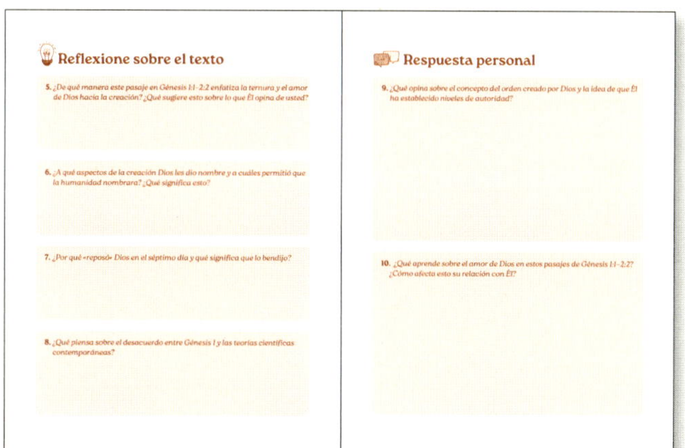

Respuesta personal

Un espacio para meditar en los cambios que el estudio bíblico producirá en su vida y las acciones a tomar para que la transformación sea eficaz y bendecida.

Introducción

La vida, como todos sabemos, tiene un comienzo, y lo mismo ocurre con todas las historias. Por eso la Biblia narra la historia de la humanidad desde el principio, antes de que existiera cualquier forma de vida y cuando el planeta Tierra apenas había sido formado. Sin embargo, incluso en ese momento, ya existía una vida: la de Dios mismo, quien es la Vida.

A lo largo de los doce estudios de este libro descubriremos que la Biblia, más que contarnos la historia de la humanidad, nos relata la historia de la Vida, es decir, la historia de Dios y de Su amor y gracia hacia la humanidad. De hecho, la Biblia es la historia del Mesías: Jesucristo, el Hijo de Dios, a través de quien Dios muestra Su gracia. Dios, por medio de Su amor y Su gracia hacia Su creación, obra constantemente para revelar al Mesías como nuestro Redentor. Ahora bien, si queremos entender el plan de redención de Dios, primero debemos comprender nuestra necesidad de un Redentor, y de eso tratan los primeros capítulos de Génesis.

En las doce lecciones que siguen, examinaremos los orígenes de la humanidad y descubriremos los orígenes del sufrimiento y la muerte. También aprenderemos, entre otras cosas, cómo la humanidad se dividió en diferentes razas y nacionalidades, por qué existen tantas culturas e idiomas en el mundo, y quién cometió el primer asesinato. A lo largo de todo este recorrido, conoceremos una verdad invaluable sobre el Dios que creó todas las cosas: ¡Su amor ha estado presente en la historia humana desde el principio! Y sigue presente en ella hoy en día.

Título

En español, el título «Génesis» proviene de la Septuaginta, la traducción griega de la Biblia, y significa «orígenes». Este libro introduce el Pentateuco (los primeros cinco libros del Antiguo Testamento) y el resto de la Biblia. La influencia de Génesis en la Escritura es evidente: se menciona más de 35 veces en el Nuevo Testamento y se hace referencia a él en muchos otros pasajes tanto del Antiguo como del Nuevo Testamento. La historia de la salvación, que comienza en Génesis 3, no se completa hasta Apocalipsis 21-22, donde se describe de manera gloriosa el reino eterno de los creyentes redimidos.

Autor y fecha

El autor (1) de Génesis no revela su identidad en el texto, y (2), Génesis termina casi tres siglos antes del nacimiento de Moisés. Sin embargo, tanto el Antiguo como el Nuevo Testamento atribuyen esta obra a Moisés (ver, por ejemplo, Éxodo 17:14; Números 33:2; Esdras 6:18; Nehemías 13:1; Mateo 8:4; Marcos 12:26; Lucas 16:29; Juan 5:46). Se cree que Moisés tiene altas probabilidades de ser el autor, dado que su formación educativa lo convierte en un candidato adecuado (ver Hechos 7:22), y no se han presentado razones convincentes para cuestionar su autoría. Génesis fue escrito después del éxodo (alrededor del 1445 a. C.), pero antes de la muerte de Moisés (alrededor del 1405 a. C.).

Trasfondo y contexto

El contexto inicial de Génesis va más allá de la eternidad. Dios, por un acto de voluntad, creó todo lo que existe a través de Su divina Palabra. Luego, dotó a la creación de sustancia y dio vida a un poco de tierra que formó a Su imagen, convirtiéndolo en Adán. Los seres humanos, como el punto culminante de Su creación, fueron hechos para ser Sus compañeros, disfrutar de la comunión con Él y glorificar Su nombre.

El trasfondo histórico de los primeros relatos de Génesis es claramente mesopotámico. Aunque es difícil determinar el momento exacto en que se escribió el libro, los israelitas ya conocían Génesis antes de cruzar el río Jordán y entrar en la tierra prometida, alrededor del 1405 a. C.

Génesis tiene tres escenarios geográficos secuenciales distintos: 1) Mesopotamia (capítulos 1–11); 2) la tierra prometida (capítulos 12–36); y 3) Egipto (capítulos 37–50). Los períodos de tiempo de estos tres segmentos son: 1) desde la creación hasta aproximadamente el 2090 a. C.; 2) del 2090 al 1897 a. C.; y 3) del 1897 al 1804 a. C. Génesis abarca más tiempo que todos los otros libros de la Biblia juntos.

Temática histórica y teológica

En este libro de comienzos, Dios se reveló a Israel y presentó una cosmovisión que, en ocasiones, contrastaba marcadamente con la de sus vecinos. El autor no intentó defender la existencia de Dios ni ofrecer un debate sistemático sobre Su persona y obras. En lugar de eso, el Dios de Israel se distinguió claramente de los dioses de los pueblos vecinos. Se revelan fundamentos teológicos que incluyen a Dios el Padre, Dios el Hijo, Dios el Espíritu Santo, el hombre, el pecado, la redención, el pacto, la promesa, Satanás y los ángeles, el reino, la revelación, Israel, el juicio y la bendición.

Génesis 1–11 (historia primigenia) revela los orígenes del universo (el inicio del tiempo y el espacio) y muchos de los primeros aspectos de la experiencia humana, como el matrimonio, la familia, la caída, el pecado, la redención, el juicio y las naciones. Génesis 12–50 (historia patriarcal) explica a Israel que sus orígenes se remontan a Heber (de ahí el término «hebreos»; ver Génesis 10:24-25) y aún más atrás a Sem, el hijo de Noé (de ahí el término «semitas»; ver Génesis 10:21). El pueblo de Dios llegó a comprender no solo su ascendencia y su historia familiar, sino también los orígenes de sus instituciones, costumbres, lenguas y culturas diversas, especialmente experiencias humanas básicas como el pecado y la muerte.

Los israelitas se estaban preparando para entrar en Canaán y expulsar a los cananeos de sus hogares y propiedades, así que Dios les reveló el trasfondo de sus enemigos. Además, necesitaban entender el motivo de la guerra que estaban a punto de comenzar, especialmente en relación con la inmoralidad del asesinato, según las enseñanzas de Moisés en los otros cuatro libros que estaba escribiendo (Éxodo, Levítico, Números y Deuteronomio). Al final, la nación judía comprendería una parte importante de la historia mundial previa y el contexto inicial de Israel, lo cual les serviría como base para sus nuevos comienzos bajo el liderazgo de Josué en la tierra que Dios le había prometido a Abraham, su patriarca original.

Génesis 12:1-3 se enfoca en las promesas de Dios a Abraham y cambia el énfasis de la historia universal en Génesis 1–11 a una nación específica, Israel. A través de Israel, Dios iba a cumplir Su plan redentor de manera progresiva. Este enfoque resaltó la misión de Israel de ser una «luz de las naciones» (Isaías 42:6). Dios prometió tierra, descendientes (semilla) y bendición. Esta promesa triple estableció la base del pacto con Abraham (ver Génesis 15:1-20). El resto de la Escritura confirma que estas promesas se cumplieron.

En un contexto más general, Génesis 1–11 transmite un mensaje claro sobre el carácter y las obras de Dios. A lo largo de estos capítulos se revela un patrón que muestra la abundante gracia de Dios en respuesta a la desobediencia voluntaria de la humanidad. En cada relato, Dios aumentó la manifestación de Su gracia, pero, sin excepción, la humanidad respondió con una mayor rebelión pecaminosa. En términos bíblicos, a medida que abundaba el pecado, también abundaba más la gracia de Dios (ver Romanos 5:20).

Una cuestión clave tanto teológica como histórica que diferencia al libro de Génesis de otros textos bíblicos es la clara relación entre el primer libro de la Biblia y el último. El paraíso perdido en Génesis se recupera en Apocalipsis. El apóstol Juan presenta los sucesos documentados en su libro como resoluciones futuras a los problemas que surgieron con la maldición en Génesis 3. Se enfoca en los efectos de la caída, el desmoronamiento de la creación y cómo Dios libera a Su creación de las consecuencias de la maldición. En palabras del propio Juan: «Y no habrá más maldición» (Apocalipsis 22:3). Por lo tanto, no debe sorprendernos que en el capítulo final de la Palabra de Dios los creyentes se encuentren de nuevo en el huerto del Edén, el paraíso eterno de Dios, comiendo del árbol de la vida (ver Apocalipsis 22:1-14), compartiendo, vestidos con túnicas lavadas en la sangre del Cordero (ver 22:14).

Desafíos de interpretación

No resulta fácil comprender los mensajes individuales de Génesis que forman parte del plan y el propósito general del libro, ya que tanto los relatos individuales como el mensaje global ofrecen lecciones importantes sobre la fe y las obras. Génesis presenta la creación por mandato divino, *ex nihilo*; es decir, «de la nada». La caída, el diluvio universal y la dispersión de las naciones son tres sucesos traumáticos de proporciones épicas que constituyen el trasfondo histórico necesario para comprender la historia del mundo. A partir de Abraham, el relato se enfoca en la redención y la bendición de Dios.

Las costumbres de Génesis con frecuencia difieren mucho de las de nuestros días. Se deben entender en el contexto del Antiguo Cercano Oriente. Además, cada costumbre debe analizarse según el contexto inmediato del pasaje antes de intentar explicarla basándonos en costumbres que aparecen en fuentes extrabíblicas o incluso en otros lugares de la Escritura.

El mundo antes de Abraham

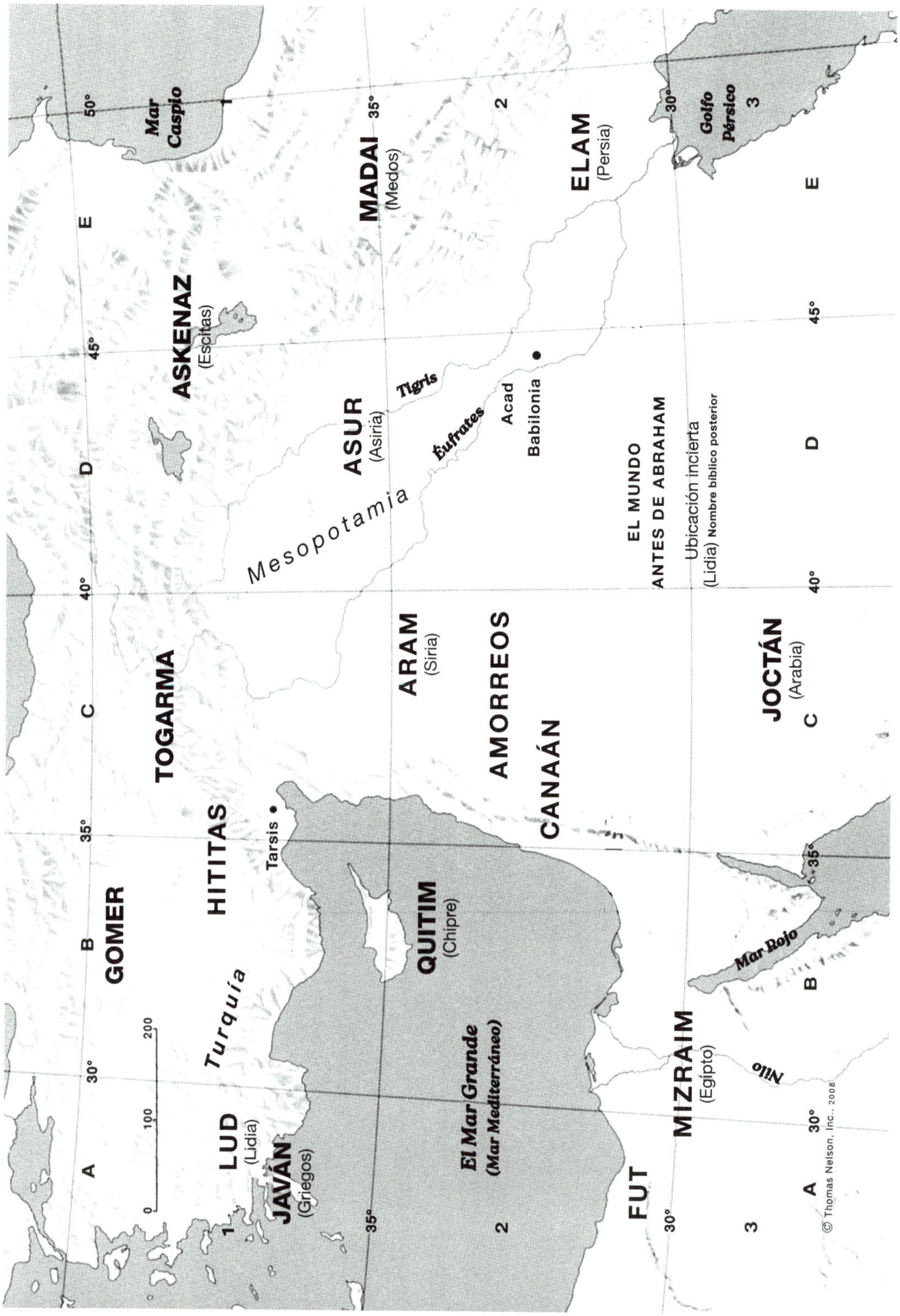

1

La creación del mundo

Génesis 1:1–2:2

Contexto

Nuestro pasaje inicial no tiene un trasfondo histórico porque antes de Génesis 1:1 no existía la historia. La Biblia comienza desde el principio mismo, donde solo Dios existe. En este capítulo, observamos cómo Dios se revela desde el principio del tiempo, emite órdenes desde el cielo y se cierne sobre las aguas del planeta tierra en formación. A medida que exploramos las primeras interacciones de Dios con la humanidad, es sumamente importante entender Génesis como el «libro de los comienzos». Génesis relata la historia de personas reales que vivieron acontecimientos reales. No es una colección de mitos ni utiliza metáforas o conceptos abstractos de forma simbólica, y tampoco es una obra polémica contra otras enseñanzas o creencias.

El propósito del libro de Génesis es enseñar al pueblo de Dios sobre la relación que Él tiene con la humanidad, comenzando desde la creación del mundo y extendiéndose hasta la vida de José. Vivimos en una época en la que gran parte del mundo acepta la teoría de la evolución, por lo que el pueblo de Dios debe reconocer que la comprensión de este relato sobre el origen de la humanidad requiere un acto de fe. Sin embargo, ya sea que confiemos en las enseñanzas de Darwin o en las de Moisés, ambas posturas requieren fe. Génesis no solo narra los orígenes de la humanidad, sino también los de toda la vida en la tierra y de la tierra misma. No es una interpretación metafórica de comienzos evolutivos, sino un relato literal de seis días reales durante los cuales Dios creó todo lo que conocemos como el universo.

[Nota: Consulte el mapa de la Introducción y téngalo como referencia a lo largo de este estudio].

Acercamiento

El primer capítulo de Génesis relata la creación del universo. ¿En qué se parece o en qué difiere esto de lo que se enseña hoy en las escuelas públicas?

Puntos claves del texto

Lea Génesis 1:1-2:2 y observe las palabras y las frases claves que se indican a continuación.

Día 1
Dios crea primero el planeta tierra, luego la luz, después separa la luz de las tinieblas y les da nombre a ambas.

1:1 principio. La Biblia, en su primer versículo, describe el comienzo de nuestro universo físico. No incluye el cielo, la morada de Dios, pero sí abarca todo en nuestro plano de creación: estrellas, sol, planetas y todo lo que hay más allá que la humanidad aún no ha descubierto.

1:2 desordenada y vacía. La frase hebrea significa que la esfera creada que llamamos tierra estaba inicialmente vacía y sin forma. Algunos buscan «desperdicio» o «caos» en esta descripción, pero no puede haber «caos» en un recipiente vacío. La tierra era como un trozo de arcilla sin moldear, que esperaba las manos amorosas del Alfarero.

Espíritu de Dios. Aquí observamos por primera vez a la naturaleza trina de Dios, que existe en tres Personas distintas: Padre, Hijo y Espíritu Santo. Por supuesto, el Hijo aún no había tomado forma humana, pero sabemos por Juan 1 que Él estaba presente en la creación; en realidad, que Él fue el artífice mismo de la creación.

se movía. El vocablo hebreo sugiere un aleteo suave y se usa para describir a una gallina que aletea sobre sus polluelos. Desde el principio, vemos al Espíritu de Dios moverse y actuar sobre Su creación mientras la moldea.

1:3 Y dijo Dios. Dios creó todo solo con Su palabra, excepto al ser humano. Para el resto de la creación, simplemente habló Su voluntad y esta se hizo realidad al instante. El Evangelio de Juan afirma que: «Todas las cosas por él fueron hechas, y sin él nada de lo que ha sido hecho, fue hecho» (1:3). Juan se refiere a Jesús como la Palabra, y en Génesis 1 lo vemos en acción.

luz. Algunas personas han argumentado que no podría haber existido «luz» antes de la creación del sol, pero eso no tiene sentido. El sol no es la única fuente de luz en la creación. Dios mismo es luz (ver 1 Juan 1:5), y es completamente posible que el Espíritu de Dios haya revelado en este momento la Luz al mundo que Dios estaba formando.

1:4 separó Dios la luz de las tinieblas. Desde el principio de la creación, Dios separó la oscuridad de la luz. Aunque esto puede parecer evidente en el ámbito físico, adquiere un profundo significado espiritual tras el pecado de Adán. Esta es la primera de varias divisiones que Dios estableció en la creación.

1:5 llamó Dios a la luz Día. Dios decidió nombrar algunos aspectos de la creación y le dio a Adán la autoridad para nombrar otros. En las culturas antiguas, dar un nombre a algo o a alguien era un signo de autoridad. De este modo, Dios mantiene para Sí mismo la autoridad final sobre los elementos físicos de Su creación, incluidos los ciclos de la tierra que conocemos como «noche» y «día».

la tarde y la mañana. Algunas personas argumentan que no podría haber habido una «tarde» y una «mañana» antes de la creación del sol; sin embargo, no es el sol el que determina los ciclos del tiempo, sino la rotación de la tierra. El planeta ya estaba girando sobre su eje desde el primer día, y Moisés nos informa que el primer día, de veinticuatro horas, había pasado.

un día. Una doctrina común, conocida como la «teoría del día y la edad», sugiere que los «días» en Génesis 1 representan largos períodos de tiempo, y que «un día» (el primer día) abarcó miles o millones de años. Aunque estudiaremos varias razones por las que esta interpretación es errónea, la más básica es que Génesis, sin dudas, constituye un relato histórico de personas y sucesos reales. Moisés no escribió en términos metafóricos, sino de manera literal. Cuando dijo: «Y fue la tarde y la mañana un día», se refería a un período literal de veinticuatro horas.

Día 2
Dios crea el cielo y separa las aguas de arriba de las aguas sobre la tierra.

1:6 expansión. El cielo.

1:8 llamó Dios a la expansión Cielos. Observamos de nuevo que Dios nombra los aspectos físicos de la creación, lo que indica que Él tiene la total autoridad sobre lo que llamamos «los cielos y la tierra». Mantiene Su soberanía sobre el entorno físico de la humanidad, incluyendo la atmósfera, el planeta y las aguas del mar (ver versículo 10). Esta doctrina resulta de vital importancia ante los temores actuales sobre la futura habitabilidad de nuestro planeta.

Día 3
Dios separa la tierra seca de los mares y luego crea la vida vegetal.

1:11 *Produzca la tierra hierba.* El planeta ahora está listo para sostener vida, por lo que en el día 3, Dios trae la vida a la existencia. Esta vida no es sensible ni tiene capacidad de pensamiento o acción independiente; eso sucederá en el día 5. Desde la perspectiva de Dios, es fundamental que el entorno esté del todo preparado para sostener la vida de los seres vivos antes de crear animales, aves y peces. Deben existir mares y tierra seca para que los seres vivos puedan habitar, así como plantas que les proporcionen alimento.

según su género. Moisés repite esta frase a lo largo del relato de la creación. La expresión por sí sola excluye cualquier interpretación evolutiva de Génesis 1, ya que el capítulo afirma de manera categórica que la hierba solo puede producir hierba; no puede evolucionar hacia otra forma de vida.

Día 4
Dios crea las estrellas, el sol, la luna y otros planetas.

1:14 *lumbreras en la expansión.* Todo lo que Dios creó, desde las plantas hasta los animales y los cuerpos celestes, estaba completo y funcionando a plena capacidad desde el momento de su creación.

y sirvan de señales para las estaciones, para días y años. Dios dispuso desde el principio que la humanidad usara las estrellas para medir el paso del tiempo. También servirían como señales de Su gran poder. Es curioso que, miles de años después, Dios usaría una «estrella» para guiar a los sabios a adorar a Su Hijo recién nacido (ver Mateo 2:1-12).

1:16 *dos grandes lumbreras.* El sol y la luna. Aquí descubrimos otra razón por la cual los «días» de Génesis 1 deben entenderse como períodos literales de veinticuatro horas. Dios creó la vida vegetal en el día 3, pero el sol no aparece hasta el día 4. Las plantas podrían sobrevivir fácilmente durante veinticuatro horas sin luz solar, pero no durante millones de años.

Día 5
Dios crea los peces y las aves.

1:20 Produzcan las aguas. En el día 5, Dios creó los peces y las aves. La evolución enseña que las aves evolucionaron *de* los peces, pero Génesis enseña que los peces y las aves aparecieron en el mundo al mismo tiempo.

1:21 según su género. Moisés enfatizó de nuevo que los peces solo pueden engendrar peces y las aves solo pueden engendrar aves. En Génesis no hay lugar para las doctrinas de la evolución.

1:22 Dios los bendijo. Es la primera vez que Dios habló de forma directa a Sus criaturas; y resulta importante que Sus primeras palabras fueran bendiciones.

Fructificad y multiplicaos. Este fue el primer mandamiento de Dios, y no tiene ninguna connotación negativa; es una palabra positiva de bendición. Como veremos más adelante, la humanidad es la única parte de la creación terrestre a la que Dios le dio la opción de obedecer.

Día 6
Dios crea a los animales terrestres, y finalmente a la humanidad con Sus propias manos.

1:25 vio Dios que era bueno. Moisés repite esta frase en cada etapa de la creación. Dios no solo afirma que su creación es buena, sino también que todo está terminado. Creó los peces y «vio que era bueno». Creó las aves y «vio que era bueno». Creó los animales terrestres y «vio que era bueno». En otras palabras, Dios deja claro que las criaturas vivientes fueron creadas completas, sin necesidad de evolucionar hacia algo más.

1:26 Hagamos al hombre a nuestra imagen. Esta es la primera vez que Dios habla consigo mismo, y es significativo que use el plural «Hagamos». Ya vimos que el Espíritu de Dios se movía sobre las aguas mientras Dios, por medio de Su palabra, creaba todas las cosas. Algunos han sugerido que en este versículo Dios se refiere a los ángeles, pero esto no puede ser: la humanidad fue creada a imagen de Dios, no a imagen de Dios y los ángeles. Aquí, Dios revela Su naturaleza trina a la creación desde el principio de los tiempos.

conforme a nuestra semejanza. La humanidad es diferente del resto de la creación. La tierra produjo cada criatura viviente «según su especie», y todas esas criaturas fueron hechas conforme a la semejanza de la tierra. Sin embargo,

Dios creó a la humanidad con Sus propias manos, y el hombre fue creado conforme a la semejanza de *Dios*. Ninguna otra parte de la creación fue hecha a Su imagen.

señoree. Ya vimos que Dios retuvo algunos aspectos de la creación bajo Su propia autoridad, pero ahora descubrimos que puso otros aspectos bajo la autoridad del hombre, en específico todas las formas de vida consciente.

1:28 Fructificad y multiplicaos. A Dios no le preocupa la sobrepoblación de la tierra. De hecho, la Escritura afirma con frecuencia que los hijos son una bendición de Dios: cuantos más hijos, mayor es la bendición.

1:31 bueno en gran manera. Cada elemento de la creación había sido «bueno», lo que indica que cada forma de vida estaba completa en sí misma. Sin embargo, la creación en su totalidad no se completó hasta que Dios creó un supervisor para gobernar las formas de vida inferiores. Para este papel, creó una criatura muy especial, hecha a Su propia imagen. Con la creación de la humanidad, tanto hombre como mujer, Dios declaró que Su creación era *más* que buena: era *muy* buena. La afirmación posee un énfasis doble; la creación estaba completa y nada en ella tenía que «evolucionar».

Día 7
Dios declara que ha terminado Su obra y descansa.

2:1 acabados. Moisés reitera una vez más que toda la creación fue completada en seis días. No hay nada en proceso, nada incompleto, y nada que continúe evolucionando. La ciencia moderna enseña que la evolución sigue ocurriendo, que la obra de la creación nunca está terminada, pero esto se opone por completo a las enseñanzas de Génesis.

2:2 Y acabó Dios [...] la obra que hizo; y reposó. Al inicio del séptimo día, Dios concluyó Su obra y «reposó» de crear. No lo hizo porque estuviera agotado, sino que detuvo Su actividad creativa y, de esta forma, estableció el modelo para el ciclo laboral del hombre. Más adelante, la ordenanza del día de reposo de Moisés se basaría en la semana de la creación (ver Éxodo 20:8-11) y este se convertiría en el día sagrado y ordenado por Dios dentro del ciclo semanal.

Analice el texto

1. *¿Qué aspectos de la creación encuentra interesantes o sorprendentes?*

2. *¿En qué maneras es la humanidad diferente del resto de la creación y en qué maneras es similar?*

3. *¿Qué detalles de la creación discrepan con las doctrinas de la evolución? ¿Se pueden reconciliar de alguna manera las dos visiones: la creación por Dios y la evolución?*

4. *¿Qué aspectos muestran el amor de Dios en Génesis 1:1–2:2?*

Explore el significado

Dios ama Su creación. Una de las cosas que más nos sorprenden en Génesis 1 es el amor de Dios hacia toda la creación. Tal sentimiento es un tema vital a lo largo de la Escritura y culmina con el invaluable sacrificio que Su propio Hijo haría por la humanidad en la cruz.

Vemos al Espíritu de Dios que se movía sobre las aguas de la creación antes de que la tierra fuera formada, y Su presencia es similar a la de una gallina que cuida de sus polluelos. Dios habló a Sus criaturas mientras las creaba, y todas Sus palabras fueron de bendición y ánimo: «los bendijo, diciendo: Fructificad y multiplicaos».

Dios el Creador también, después de cada día, evaluó Su propio trabajo y lo declaró bueno. Es evidente que Dios se deleitó con la obra de Sus manos y amó a toda Su creación.

Existe orden en la creación de Dios. Nada en Su obra creativa fue hecho al azar; separó con toda intención lo que debía mantenerse separado, como la luz y la oscuridad, la tierra seca y los océanos. Creó ambientes diseñados específicamente para sostener diferentes formas de vida, como los mares para los peces y el cielo para las aves.

Dios también nombró ciertos elementos de la creación, como los componentes de nuestro entorno. Dar un nombre a algo indica autoridad y señorío, y Dios ha reservado para sí el señorío sobre el entorno que creó. Por otro lado, otorgó al ser humano el dominio sobre los órdenes inferiores de vida, incluyendo peces, aves, animales terrestres y «todo animal que se arrastra sobre la tierra» (Génesis 1:26).

Este orden dentro de la creación es de extrema importancia a lo largo de toda la Escritura. Por ejemplo, después del diluvio, Dios prometió a la humanidad que el ecosistema de la tierra siempre sostendría la vida (ver Génesis 8:22). Reafirmó la autoridad del hombre sobre el reino animal (ver Génesis 9:2-3) y, al mismo tiempo, la santidad de la vida humana (ver Génesis 9:5-6). Pablo hizo referencia a Génesis cuando trató asuntos de orden dentro de la iglesia (por ejemplo, ver 1 Corintios 11).

La humanidad es única en toda la creación. Génesis aclara una y otra vez que la humanidad es diferente del resto de la creación. Por medio de Su palabra, Dios hizo aparecer los peces, las aves y los animales; asimismo, las plantas brotaron de la tierra. No obstante, creó a la humanidad de manera diferente. Compartimos el mismo material original con el resto de la creación, ya que Dios utilizó el polvo de la tierra para crearnos (ver Génesis 2:7). Sin embargo, el Señor fue más allá de pronunciar una orden cuando creó a Adán: moldeó el polvo con Sus propias manos y sopló vida directamente en sus fosas nasales.

Solo los seres humanos fueron creados a imagen de Dios, lo cual es un tema profundo para reflexionar. ¿Qué significa esto? En el aspecto intelectual, Adán y Eva se parecían a Dios, ya que podían razonar y comprender. En el aspecto moral, también eran semejantes a Dios, porque eran buenos y no conocían el pecado (aunque esto cambió tras su desobediencia).

Una vez más, observamos que las nociones de evolución no tienen lugar en Génesis. No se gana nada al sugerir que los seis días de la creación fueron en realidad millones de años, ya que Génesis 1 deja claro que Dios no utilizó la evolución para crear a la humanidad ni ningún otro aspecto del mundo que Él hizo.

Reflexione sobre el texto

5. *¿De qué manera este pasaje en Génesis 1:1–2:2 enfatiza la ternura y el amor de Dios hacia la creación? ¿Qué sugiere esto sobre lo que Él opina de usted?*

6. *¿A qué aspectos de la creación Dios les dio nombre y a cuáles permitió que la humanidad nombrara? ¿Qué significa esto?*

7. *¿Por qué «reposó» Dios en el séptimo día y qué significa que lo bendijo?*

8. *¿Qué piensa sobre el desacuerdo entre Génesis 1 y las teorías científicas contemporáneas?*

Respuesta personal

9. *¿Qué opina sobre el concepto del orden creado por Dios y la idea de que Él ha establecido niveles de autoridad?*

10. *¿Qué aprende sobre el amor de Dios en estos pasajes de Génesis 1:1–2:2? ¿Cómo afecta esto su relación con Él?*

Notas:

2

Adán y Eva

Génesis 2:3-25

Contexto

En Génesis 1, aprendemos que Dios creó a la humanidad, hombres y mujeres, en el sexto día de la semana de la creación. Al crear al hombre, Dios realizó varias acciones que lo diferencian de Su creación de otras formas de vida en la tierra. Primero, tomó un poco de tierra en Sus manos y formó al hombre, como un escultor que moldea la arcilla. Luego, sopló vida directamente en sus fosas nasales. Creó a la humanidad en dos etapas: primero al varón y luego a la mujer, *a partir de él*. Ninguna de estas acciones se llevó a cabo con ninguna otra criatura en toda la creación.

Sin embargo, Dios no terminó Su obra después de crear al hombre. Si examinamos de cerca el sexto día, descubrimos que Dios creó un huerto especial solo para el hombre y su esposa. Fue un lugar separado dentro de la creación, no un acto especial de creación. Dios plantó este huerto y, para ello, utilizó las plantas y las formas de vida que ya había creado esa semana; lo diseñó con especial cuidado para el placer de su creación más importante.

Por último, el día 6 marcó el inicio del trabajo para el cual el hombre recién creado fue hecho: tomar el control del resto de la creación de Dios. Dios presentó a los animales que acababa de crear, con solo uno o dos días de vida, y los llevó ante el hombre para ver qué nombres les pondría. Adán pasó su primer día de vida explorando la creación de Dios y dando un nombre a todos los animales. Luego, se sometió a una transformación, despertó, encontró a una mujer recién creada y ¡se casó!

Fue un día muy ajetreado.

Acercamiento

La Biblia nos dice que Dios puso a Adán «en el huerto de Edén, para que lo labrara y lo guardase» (Génesis 2:15) y que creó a Eva para que fuera una «ayuda idónea» para Adán (versículo 18). ¿Qué le sugieren esos dos versículos sobre los roles de hombres y mujeres?

Puntos claves del texto

Lea Génesis 2:3-25 y observe las palabras y las frases claves que se indican a continuación.

La creación del hombre. Dios pone manos a la obra y crea un ser especial a Su propia imagen.

2:7 Dios formó al hombre. Lo primero que nos llama la atención sobre la manera en que Dios creó al hombre es que intervino de forma directa en el proceso. Todos los demás aspectos de la creación, desde la aparición de la luz hasta las formas más complejas de vida animal, fueron creados por *mandato divino*: «Sea [...] Y fue así». Sin embargo, con la humanidad, Dios formó a Adán como si lo hiciera con Sus propias manos. La referencia a las manos es, por supuesto, metafórica, ya que Dios es espíritu y no posee un cuerpo físico. No obstante, este lenguaje sugiere un grado mayor de implicación y cercanía en la creación del hombre, en comparación con los otros actos creativos de Dios.

del polvo de la tierra. Aquí se encuentra el único elemento que la humanidad comparte en común con el resto de la creación: fuimos creados del polvo de la tierra, al igual que los animales y las plantas. Es decir, Dios utilizó el mismo material primario, la tierra, para crear a la humanidad y a los animales. Sin embargo, no usó a los animales como material básico para la humanidad ni evolucionó a los humanos a partir de órdenes inferiores. El hombre comparte los elementos físicos básicos con el resto de la creación, pero nuestros orígenes son muy diferentes a lo que propone la teoría evolutiva moderna.

aliento de vida. Adán cobró vida cuando Dios sopló Su aliento en la arcilla inanimada. Esto es la base de lo que significa haber sido creados a imagen de Dios: somos seres tanto físicos como espirituales. El espíritu del hombre refleja la semejanza de Dios mismo, aunque nuestros cuerpos físicos guarden similitudes con otras formas de vida física en este mundo.

Planta un huerto. Después de crear al hombre, Dios «se ensucia las manos» nuevamente (de manera metafórica) y planta un lugar especial para que el hombre viva y trabaje.

2:8 Dios plantó un huerto. Esto no fue un acto secundario de creación, como algunos piensan. Dios plantó un huerto especial para que Su obra maestra, el hombre, tuviera un lugar único donde vivir y trabajar. Es una muestra más de la gran benevolencia de Dios hacia Su creación. El mundo tal como era ya habría sido un paraíso para Adán y Eva, pero Dios fue más allá, y creó un paraíso dentro del paraíso para Su criatura predilecta.

2:9 delicioso a la vista, y bueno para comer. Esta es otra demostración notable del amor generoso y tierno de Dios hacia Su creación. Habría sido suficiente que proporcionara a sus criaturas un lugar seguro para vivir, con suficiente alimento y agua para sustentar sus vidas, pero fue más allá, haciendo que todo fuera placentero. Las criaturas de Dios deben comer para sobrevivir, pero también es algo disfrutable. Las plantas y árboles no solo proveen el alimento necesario para la supervivencia, sino que también son hermosos a la vista. La evolución, por supuesto, no puede explicar este aspecto de la creación, pero la Biblia deja claro que toda belleza y placer provienen del carácter del Creador.

árbol de vida. Dicho árbol parece haber sido único en su clase y Dios lo plantó cerca del centro del Edén. Es probable que Adán lo viera e incluso comiera de sus frutos (ver Génesis 2:16), lo que sostenía su vida. Con la caída, toda la humanidad perdió el acceso a este árbol; sin embargo, estará disponible otra vez en la nueva Jerusalén, donde crecerá en abundancia (ver Apocalipsis 22).

árbol de la ciencia del bien y del mal. Al igual que el árbol de la vida, este árbol no tenía propiedades mágicas que pudieran otorgar conocimiento a Adán. Su propósito era simbólico y representaba una prueba tangible de su obediencia. Adán ya conocía el bien porque conocía a Dios; sin embargo, al comer del fruto prohibido, obtendría un conocimiento fatal e irreversible del mal al experimentarlo de manera directa.

2:15 para que lo labrara y lo guardase. Dios quería que la humanidad trabajara, incluso antes de que el pecado y la muerte entraran en el mundo. Esto forma parte de ser creados a imagen de Dios: la humanidad tiene un propósito específico, a diferencia del resto de la creación. Sin embargo, antes de la caída, el trabajo del hombre era una fuente de placer y satisfacción genuina. Fue el pecado de Adán el que introdujo los elementos de arduo esfuerzo y frustración en el trabajo (ver Génesis 3:17-19).

La primera negativa. Dios introduce un nuevo elemento en la creación: un mandamiento con una consecuencia negativa. Por primera vez, Dios permite que una de Sus criaturas tenga la opción de desobedecer.

2:16 De todo árbol [...] podrás comer. La creación original de Dios incluía libertad, placer y satisfacción abundantes. De hecho, nada estaba restringido ni prohibido (con una pequeña excepción), y el hombre era libre de hacer lo que le placiera.

2:17 mas. Es notable que Dios impusiera esta disposición, la primera negativa en toda la creación, al hombre. A ninguna otra criatura se le prohibió nada. Este hecho resalta otro aspecto de ser creado a imagen de Dios: la capacidad de discernir entre el bien y el mal y de tomar decisiones morales. Es importante notar que Eva aún no había sido creada; la responsabilidad de obedecer o desobedecer este mandamiento recaía solo en Adán, no en ambos.

no comerás. ¡Era una disposición tan sencilla! «Come de todos los árboles del huerto; ¡disfruta hasta saciarte! Disfruta de cada aspecto de mi creación, con la única excepción de este pequeño detalle: no comas de este árbol». La obediencia a Dios no podría haber sido más fácil. Sin embargo, desde el principio, la humanidad no logró cumplir ni siquiera con este sencillo mandamiento.

el día que de él comieres, ciertamente morirás. Esta declaración contiene dos elementos claves: 1) la muerte no existía en el mundo antes del pecado de Adán, y 2) la maldición de la muerte abarca más que la simple muerte física del cuerpo. Dios creó todas las cosas de manera perfecta y no tenía la intención de que ninguna de Sus criaturas experimentara muerte, sufrimiento, pobreza, enfermedad o peligro de ningún tipo. Sin embargo, desde el principio, Dios dejó claro que si Adán desobedecía, enfrentaría la pena correspondiente a su acto de rebeldía, que sería la muerte. Adán no murió de manera física el día que comió del fruto, pero su relación con Dios se cortó de inmediato, lo que señala que la muerte causada por el pecado es tanto física como espiritual. Además, la muerte física se convirtió en una realidad inmediata en la creación, comenzando con el animal que Dios mató para vestir a Adán y Eva. El hecho de que la muerte no existiera en el mundo antes del pecado de Adán refuerza la idea de que Dios no utilizó la evolución para crear a la humanidad, ya que la evolución requiere la existencia de la muerte (a través de la selección natural) para llevarse a cabo.

> **No es bueno.** Aquí ocurre otro «primero»: un elemento de la creación que Dios declara que «no es bueno».

2:18 No es bueno. La declaración resulta impactante porque es muy diferente de todas las demás afirmaciones de Dios durante la semana de la creación. Una y otra vez había declarado que Su creación era buena, pero aquí, de repente, afirma que algo *no* es bueno; lo que subraya el hecho de que la creación de la humanidad estaba incompleta.

ayuda idónea para él. Parte del mandato de Adán fue: «Fructificad y multiplicaos» (Génesis 1:28), algo que, por supuesto, no podía hacer solo. También tenía la responsabilidad exclusiva de cuidar el resto de la creación (ver versículo 19). Sin embargo, alcanzó su plenitud cuando recibió a la mujer como complemento. El concepto de «ayuda idónea» indica que la mujer posee plena igualdad ante Dios como portadora de Su imagen, aunque también está bajo el liderazgo de Adán.

2:19 las trajo a Adán. Dios presentó los animales ante Adán, lo que una vez más demuestra su dominio sobre todas las criaturas. Esto es comparable al ejército celestial que se presenta ante Dios (ver Job 1), como un signo de sumisión a la autoridad.

ese es su nombre. Como parte de la autoridad de Adán sobre los seres inferiores, cualquier nombre que él asignara a una criatura se convertía en su nombre. La responsabilidad de otorgar nombres no se tomaba a la ligera, ya que en la antigüedad se consideraba que el nombre de una persona era algo poderoso: definía o representaba su esencia. Por lo tanto, Adán necesitaba conocer y entender a las criaturas que estaba nombrando, en lugar de darles sonidos verbales al azar. Hoy en día, todavía observamos esta práctica de nombrar, como sucede con los pájaros carpinteros y los chupa-savia, entre otros. Que Adán pudiera comprender la naturaleza de tantas criaturas en un solo día sugiere que era un hombre perfecto: inteligente, sabio y muy creativo.

La creación de la mujer. A Adán se le da la oportunidad de buscar una pareja, lo que resulta en un fracaso. Por lo tanto, Dios crea una ayuda perfecta para él.

2:20 no se halló ayuda idónea para él. Es interesante que Dios declare que «no es bueno» que Adán esté solo y que luego retrase la creación de Eva hasta después de que Adán nombre a los animales. Una razón probable para esto es que le permite a Adán descubrir por sí mismo que no tiene un igual en la creación. Así, la aparición de Eva es aún más maravillosa.

2:21 una de sus costillas. La caja torácica es esencial para la vida humana; protege los órganos internos de daños, permite la inhalación y exhalación, y proporciona la estructura básica del cuerpo. Estas analogías nos ayudan a comprender el papel de la mujer como «ayuda», ya que ella contribuye a renovar y alentar a su esposo, busca su protección y bienestar, y le brinda fuerza y apoyo.

2:22 la trajo al hombre. Dios no hizo que Adán y Eva se encontraran juntos en el huerto; en cambio, la llevó ante el hombre. Esto es similar a la manera en que presentó a los animales ante Adán para que los nombrara. Una vez más, sugiere que Adán tenía cierto grado de liderazgo sobre Eva.

2:23 esta será llamada Varona. Adán le dio un nombre a su esposa, lo que otra vez demuestra su liderazgo sobre ella. También evidenció que comprendía su naturaleza y carácter, ya que, como hemos mencionado, quien otorga el nombre debe entender la naturaleza de quien está nombrando. Sin embargo, más allá de estos elementos, está el hecho de que él era responsable de su bienestar, un concepto que Pablo desarrolla más en Efesios 5:22-33.

2:24 serán una sola carne. Dios tuvo la intención de establecer un matrimonio permanente y monógamo para la humanidad desde el principio de la creación. El divorcio, la infidelidad, la poligamia, sin mencionar las nociones modernas de «matrimonio» homosexual, son invenciones del hombre pecador que van en contra del diseño original de Dios.

Profundice

En Romanos 5:12-19, Pablo explica algunas de las consecuencias del pecado de Adán y Eva. Lea ese pasaje y seguidamente anote las palabras y frases claves.

> ***Primer Adán y postrer Adán.*** Adán trajo el pecado y la muerte al mundo, pero él era solo una «figura del que había de venir». Su fracaso ofrece un contraste vívido con Cristo, el postrer Adán.

5:12 por un hombre. Esto se refiere a Adán, ya que fue la desobediencia de Adán, y no la de Eva, la que trajo el pecado al mundo. La naturaleza pecaminosa se transmitió a través de Adán, y todos los descendientes de Adán se convirtieron en pecadores por naturaleza. Esta es una ley de la creación, ya que Dios declaró que cada uno produce «según su especie», de modo que una vaca solo puede producir una vaca, y un pecador solo puede reproducir un pecador.

por el pecado la muerte. La muerte no existía en el mundo antes del fracaso de Adán. Fue su pecado, y solo él, lo que sometió a toda la creación a la maldición de la muerte.

5:14 el cual es figura del que había de venir. El Nuevo Testamento llama a Jesús «el postrer Adán» (por ejemplo, en 1 Corintios 15:45). Es a través de Él, y solo de Él, que la humanidad puede encontrar liberación de la maldición de la muerte. Al aceptar la salvación que Jesucristo nos ofrece, «morimos» al «viejo Adán» y nacemos de nuevo en el postrer Adán.

Analice el texto

1. *¿En qué momentos ha experimentado la generosa provisión de Dios en su vida, tanto en necesidades básicas como en momentos de placer y alegría?*

2. *¿Por qué Dios creó a Adán y Eva de una manera especial?*

3. *¿Qué enseñan estos pasajes en Génesis 2:3-25 sobre el pecado, la muerte, el perdón y la vida eterna?*

4. *¿Qué roles se asignaron a hombres y mujeres? ¿Se aplican hoy en día?*

Explore el significado

Adán tenía autoridad sobre Eva. Este concepto resulta controvertido en la sociedad actual, que equipara autoridad con despotismo. Sin embargo, Dios estableció la autoridad masculina durante la creación y juega un papel importante en la estructura de la iglesia y del hogar incluso hoy en día.

Pablo hizo referencia a estos capítulos clave de Génesis al tratar los roles de hombres y mujeres. Dios dio el mandamiento a Adán, no a Adán y Eva, y lo responsabilizó exclusivamente por las acciones de su esposa cuando Satanás la engañó.

Es importante destacar el contraste entre Adán y Cristo. Así como Adán fue cabeza de la humanidad pecadora, Cristo es cabeza de la humanidad redimida. El pecado de Adán trajo muerte a toda la humanidad, pero la perfección de Cristo trajo salvación. El primer Adán causó separación de Dios y trajo una maldición, pero el último Adán (Jesucristo) ofrece reconciliación con Dios y vida eterna a todos los que creen en Él.

El hombre necesita a la mujer. Dios creó primero a Adán y le dio dominio sobre la creación. Sin embargo le permitió descubrir por sí mismo que no había ninguna otra criatura en el mundo que lo complementara. De esto, aprendió dos lecciones valiosas.

Primero, comprendió que requería ayuda. Aunque podía nombrar a los animales por sí solo, para llevar a cabo su tarea como jardinero y cuidador, necesitaba a alguien a su lado. Además, no podría «ser fructífero y multiplicarse» sin una compañera.

Segundo, no había ninguna otra criatura que portara la imagen de Dios. Adán conoció bien a todos los animales de la creación, hasta el punto de darles nombres, y en ese proceso descubrió que ninguna otra criatura reflejaba su imagen única. Necesitaba a alguien muy especial para este propósito. Este es un aspecto fundamental del principio de la autoridad, ya que la autoridad no es lo mismo que «dominar» a otra persona (ver Efesios 5:22-33, donde Pablo explica que la autoridad se expresa en servicio sacrificial y liderazgo amoroso). Sin Eva, Adán estaba incompleto, y Dios mismo declaró que esto «no era bueno».

El matrimonio es un vínculo sagrado que Dios estableció en el momento de la creación. Según Dios, el matrimonio es la unión de un hombre con una mujer. Nunca hubo permiso para relaciones sexuales fuera de este vínculo, ni para el divorcio o cualquier otro tipo de unión sexual.

No es casualidad que el mundo actual ataque de manera tan feroz la institución del matrimonio. El enemigo de la humanidad, el diablo, odia el orden que Dios estableció y trabaja sin descanso para destruir la sacralidad del vínculo matrimonial. Su objetivo hoy es el mismo que tenía en el huerto del Edén: subvertir el orden divino.

Reflexione sobre el texto

5. *¿Por qué es tan importante el matrimonio en el mundo actual? ¿Qué ocurre cuando se interrumpe la estructura familiar que Dios estableció?*

6. *¿Qué significa «autoridad» en la familia, en la iglesia y en otros ámbitos de la sociedad?*

7. *¿Por qué Dios utilizó una costilla de Adán para crear a Eva? ¿Qué implica esto sobre los roles de hombres y mujeres en la actualidad?*

8. *¿De qué manera cumple Cristo, a la perfección, los roles para los cuales fue creado Adán?*

Respuesta personal

9. *¿Qué responsabilidades le ha dado Dios? ¿De quién es responsable? ¿Cómo cumple a diario con esas responsabilidades?*

10. *¿Quién tiene autoridad sobre usted en su vida? ¿Cuánta de la autoridad de Dios acepta en su relación con Él?*

Notas:

Notas:

3

La caída del hombre

Génesis 3:1-24

Contexto

Dios ha terminado de crear todo el universo y ya ha culminado con el sexto día, con su obra más importante: la humanidad. No sabemos cuánto tiempo pasó entre el primer día de reposo, cuando Dios descansó de Su obra creadora, y el día en que Adán lo arruinó todo al pecar. Sin embargo, parece que no transcurrió mucho tiempo. ¡Por lo que sabemos, pudo haber sido ese mismo primer día de reposo!

Dios le había dado a Adán, y solo a él, la instrucción de que podía comer de todo árbol del huerto, excepto del árbol del conocimiento del bien y del mal. No podemos asegurar con certeza si Dios repitió este mandamiento más tarde en presencia de Eva, pero la Escritura parece indicar que fue Adán quien se lo comunicó. Esto nos lleva a la doctrina del liderazgo, que analizamos en la sesión anterior.

Recuerde que, al inicio de nuestro pasaje no existe la muerte en el mundo y toda la creación de Dios vive en perfecta armonía: los leones juegan con los corderos, los tiburones nadan junto a los peces pequeños, e incluso las serpientes tienen patas (o al menos eso se deduce de este capítulo). Todo es perfecto; no hay conflictos, miedo, enfermedades, peleas ni muerte, pero Adán está a punto de cambiarlo todo.

Acercamiento

Cuando Eva conversó con Satanás en el huerto del Edén, ella modificó las palabras de Dios al añadir y restar de su contenido, lo que resultó en consecuencias desastrosas. ¿Cómo observas hoy en día que las personas intentan añadir o restar de la Palabra de Dios? ¿Cuáles son las consecuencias?

Puntos claves del texto

Lea Génesis 3:1-24 y observe las palabras y las frases claves que se indican a continuación.

La tentación. Avanzamos un poco en el tiempo. Dios ya ha creado a Eva a partir de la costilla de Adán, y la vemos ahora junto al árbol del conocimiento del bien y del mal.

3:1 la serpiente. El Nuevo Testamento aclara que quien habló con Eva fue Satanás (ver 2 Corintios 11:3; Apocalipsis 12:9). Al parecer, tomó posesión de una serpiente y utilizó su cuerpo y cuerdas vocales para comunicarse con ella.

la cual dijo. Entonces, ¿las serpientes hablaban en Edén? No lo sabemos con certeza, ya que la Escritura no lo especifica. Sin embargo, en este capítulo aprendemos que las serpientes no se arrastraban sobre su vientre antes de la caída de la humanidad. ¡Incluso podrían haber tenido alas! Los mitos y las tradiciones antiguas sobre dragones son universales; cada cultura y sociedad tiene una idea de cómo es un dragón. Es posible que, antes del pecado de Adán, la serpiente se hubiera parecido a un gran dragón alado.

a la mujer. Es interesante que Satanás se acercara a Eva con sus mentiras en lugar de a Adán. Después de todo, Adán tenía la autoridad sobre la creación, y corromperlo significaría corromper toda la creación. Este era, por supuesto, el plan de Satanás, pero eligió desestabilizar primero el orden creado para corromper a Adán. Su intención era desplazar a Adán de su posición de liderazgo y reemplazarlo con Eva.

¿Conque Dios os ha dicho? Lo primero que hizo el maligno al seducir a la mujer fue cuestionar la Palabra de Dios. Recuerde que Eva no estaba presente cuando Dios dio el mandamiento, así que se basaba en lo que Adán le había contado. De esta manera, Satanás estaba tentando a Eva a dudar tanto de la palabra de Dios como de la confianza en su esposo.

¿No comáis de todo árbol del huerto? Ahora Satanás tuerce la palabra de Dios para que Eva empiece a dudar de ella. Este proceso de dos pasos siembra en la mente de Eva la idea de que Dios es un ogro mezquino que niega a Sus criaturas lo que necesitan y desean. Esto va en contra de la naturaleza real de Dios.

El error. Eva comete su primer error al debatir con el diablo. El diablo no está interesado en conocer la verdad; su único objetivo es confundir y desorientar.

3:2 *Del fruto de los árboles del huerto podemos comer.* Aquí Eva también cita de manera errónea a Dios, ya que Sus palabras reales fueron: «De *todo* árbol del huerto *podrás* comer» (Génesis 2:16, énfasis añadido). Las palabras de Dios denotan una inmensa generosidad y libertad, una sensación que se pierde en las palabras de Eva. Es una diferencia sutil, pero siempre es mejor citar las palabras de Dios con exactitud.

3:3 *ni le tocaréis.* En este pasaje, Eva añade a las palabras de Dios. Es posible que Adán haya incluido esta cláusula para evitar la tentación desde el principio y estableciendo así su propia regla de no tocar el árbol. Este es el origen del legalismo, donde los hombres, con buenas intenciones, añaden a la Palabra de Dios para evitar la tentación. Sin embargo, el legalismo siempre fracasa, al igual que esta estipulación. Al final, Eva corrompió las palabras de Dios, restando y luego añadiendo a ellas (ver Apocalipsis 22:18-19).

para que no muráis. Otra vez, observamos que Eva comete errores al citar a Dios, ya que Él dijo: «ciertamente morirás», lo que no deja lugar a dudas sobre el resultado: comer del fruto significa morir. La forma en que lo expresa Eva, en cambio, introduce un elemento de duda: «No comeréis de él, ni le tocaréis, para que no muráis». Una vez más, es importante citar las palabras de Dios con precisión.

La mentira. Satanás habla en su idioma nativo, y sus palabras son mentiras o están manchadas por ellas.

3:4 *No moriréis.* Las primeras palabras de Satanás fueron sugerencias insidiosas para desviar a Eva y sembrar dudas en su mente. Sin embargo, ahora dice una mentira descarada: la primera en la nueva creación de Dios. Jesús dijo que Satanás «ha sido homicida desde el principio, y no ha permanecido en la verdad, porque no hay verdad en él. Cuando habla mentira, de suyo habla; porque es mentiroso, y padre de mentira» (Juan 8:44). Las mentiras del enemigo llevaron a la muerte, y por eso «ha sido homicida desde el principio» de la creación.

3:5 *sino que sabe Dios.* Otro veneno sutil del diablo: insinuó que Dios estaba ocultando alguna información secreta, algún «conocimiento superior», para mantener a Eva bajo Su dominio.

serán abiertos vuestros ojos, y seréis como Dios. Vemos el surgimiento de una antigua herejía llamada gnosticismo. Los gnósticos estuvieron activos durante los primeros tiempos de la iglesia, y Pablo abordó su herejía en Colosenses y otros escritos. El gnosticismo enseña que las personas necesitan adquirir cierto «conocimiento superior» secreto para entender a Dios y Su Palabra. Esta herejía sigue viva y prospera en la sociedad moderna, ya que es la base de la teoría de la evolución y de falsas religiones como los cultos de la Nueva Era.

El pecado original. Ahora tenemos la dolorosa tarea de observar cómo el padre de la raza humana rechaza el señorío de Dios y se somete, primero a su esposa y luego al diablo.

sabiendo el bien y el mal. Adán y Eva ya conocían el bien; ahora descubren que conocer el mal es algo terrible.

3:6 bueno para comer [...] agradable a los ojos [...] para alcanzar la sabiduría. Eva fue tentada por «los deseos de la carne, los deseos de los ojos, y la vanagloria de la vida», como lo describió Juan (1 Juan 2:16).

tomó de su fruto, y comió. Eva fue engañada para comer el fruto prohibido (ver 2 Corintios 11:3). El engaño comenzó como una pequeña duda sobre el carácter de Dios, creció hasta dudar de la confiabilidad de su esposo, floreció en las tres áreas de los deseos mundanos y dio fruto en acciones pecaminosas.

dio también a su marido. Es posible que Adán estuviera cerca durante toda esta conversación y tentación. Ya sea que estuviera o no, Dios lo hizo responsable de la situación.

el cual comió. Adán no fue engañado (ver 1 Timoteo 2:14); pecó de manera consciente, deliberada y voluntaria. Recordemos que Dios le otorgó la autoridad sobre la raza humana; por lo tanto, fue su pecado, no el de Eva, el que llevó a la maldición y a la naturaleza pecaminosa que han sido parte de la vida humana desde entonces.

Los resultados. De alguna manera, el fruto no sabía tan bien como se había prometido. Esto siempre ocurre con el pecado.

3:7 fueron abiertos los ojos de ambos. Esto sugiere que Adán y Eva realmente adquirieron conocimiento a partir de su transgresión, pero ese conocimiento resultó ser del mal, la vergüenza y la muerte.

conocieron que estaban desnudos. Aquí no se trata de un «autodescubrimiento», como algunos han sugerido. Adán ya poseía autoconciencia desde su creación (ver Génesis 2:20-23). Más bien, fue una obsesión por sí mismos: Adán y Eva desviaron su atención el uno del otro hacia sí mismos. Así nació el movimiento moderno de la «autoestima».

cosieron hojas de higuera, y se hicieron delantales. Adán y Eva estaban en lo correcto al pensar que necesitaban cubrir su vergüenza, pero aún no habían aprendido el costo de esos delantales. Aunque podían cubrir sus cuerpos físicos, no podían cubrir su culpa y necesitaban un delantal para el pecado.

La confrontación. Dios busca a Adán, pero lo hace con toda calma y paciencia, no con ira. Por desgracia, el pecado ya ha separado al hombre de Él.

3:8 la voz de Jehová Dios. Sin duda, Dios entró en Edén y llamó a Adán por su nombre. Hay suavidad en esta frase: Dios no está gritando con enojo.

se paseaba en el huerto, al aire del día. Parece que era un hábito del Señor entrar al huerto para hablar con Adán, tal vez a diario. El hombre disfrutaba del incomparable privilegio de comunicarse con Dios mismo, como nosotros hablamos con nuestros amigos; sin embargo, ese privilegio estaba a punto de perderse.

el hombre y su mujer se escondieron. En el momento en que Adán pecó, se llenaron de vergüenza y el peso de la culpa por primera vez los llevó a ocultarse de la presencia de Dios.

entre los árboles del huerto. La idea de que alguien pueda esconderse de Dios es absurda, pero creer que puede hacerlo detrás de un árbol es ridícula. Sin embargo, esta es la mentalidad que predomina en el mundo: la humanidad con frecuencia cree que Dios no ve sus acciones. Es importante notar que fue un árbol lo que le dio a Adán la oportunidad de pecar, y ahora esperaba que esos mismos árboles lo ocultaran de la presencia de Dios. Esto refleja también un principio del sistema mundano: las personas buscan en las cosas del mundo placer, satisfacción y ganancias, pero descubren demasiado tarde que esas mismas cosas no les sirven de nada cuando se encuentran ante su Creador.

3:9 llamó al hombre. En esta breve frase vemos un destello de la inmensa gracia y paciencia de Dios. Entró en el huerto y buscó a Adán, lo llamó incluso mientras este intentaba esconderse. Notemos que Dios llamó a Adán, no a Adán y Eva. Le había dado a Adán la responsabilidad del bienestar de su esposa, y ahora lo llamaba a rendir cuentas.

¿Dónde estás tú? Es la primera vez en la Escritura que Dios hace una pregunta y no la hace porque no supiera dónde estaba Adán, sino como un medio para llevarlo a confesar. También subrayaba que algo había cambiado en su relación. Adán nunca antes se había escondido, y el hecho de que ahora lo hiciera, provocando que Dios le preguntara dónde estaba, revelaba la culpa y la vergüenza que sentía.

3:11 ¿Quién te enseñó que estabas desnudo? Dios hace otra pregunta cuya respuesta ya conocía. Con suavidad, el Señor intentaba llevar a Adán a confesar su pecado. La respuesta, por supuesto, era «nadie». Nadie *necesitaba* decirle a Adán que estaba desnudo; era evidente, pues había perdido su inocencia y su conciencia se había despertado al pecado.

¿Has comido del árbol? Esta es otra pregunta cuya respuesta Dios ya conocía. No buscaba información que desconociera; más bien, procuraba

reconciliarse con Adán. Sin embargo, esa reconciliación solo sería posible si Adán primero confesaba su pecado.

Culpar a otros. Adán establece un patrón que se repetirá en la humanidad: culpar a otros. Sin embargo, Dios lo guía con suavidad hacia una confesión parcial de su pecado.

3:12 La mujer. Adán pasó la culpa en vez de confesar.

La mujer que me diste. Primero, Adán culpó a Eva, y luego fue más allá y culpó a Dios. Después de todo, tenía que ser culpa de Dios que hubiera pecado, ya que fue Él quien trajo a Eva a su vida. Este es un ejemplo perfecto de la lógica retorcida que los pecadores usan para justificarse. Todos somos hijos de Adán.

y yo comí. Aquí, finalmente, hubo una confesión débil y poco sincera de su pecado. Sin embargo, fue suficiente, y Dios en su gracia la aceptó como una confesión.

3:13 ¿Qué es lo que has hecho? Dios le hizo a Eva la misma pregunta que a Adán y le dio la misma oportunidad de confesar su pecado.

La serpiente me engañó. Esto era cierto, pero aun así no eximía a Eva de su culpa. Estaba siguiendo el ejemplo de Adán al pasar la culpa a otro.

y comí. Eva siguió el ejemplo de Adán y también hizo una confesión a medias de su pecado. Aun así, Dios en su gracia la aceptó como una confesión de culpa.

La maldición. Dios le informó a Su creación lo que resultaría del pecado de Adán. No estaba maldiciendo con ira; simplemente les explicó las consecuencias naturales. Además, introdujo una promesa de su gracia.

3:14 Dios dijo a la serpiente. Observe que Dios no le hizo ninguna pregunta a la serpiente. Esta es una distinción importante, ya que no le dio al diablo ninguna oportunidad para confesar y arrepentirse. El plan de salvación de Dios, provisto a través de la muerte y resurrección del Hijo de Dios sin pecado, estaba disponible solo para los descendientes de Adán. No ofreció oportunidad de salvación para Satanás ni sus secuaces demoníacos.

maldita serás. El pasaje no es un pacto entre Dios y el hombre, pero representa la primera transacción de este tipo entre Dios y sus criaturas después de la caída de la humanidad. La maldición comenzó con Satanás y sus secuaces, ya que fueron la fuente última del dolor de la humanidad. El diablo no tiene esperanza de arrepentimiento ni de reconciliación con Dios.

sobre tu pecho andarás. Hoy en día, es común sugerir que esta fue solo una maldición figurativa, que las serpientes nunca tuvieron patas. Sin embargo, ese no es el enfoque de este pasaje. Dios les estaba diciendo a Adán, Eva y la serpiente cómo las cosas *cambiarían* a causa del pecado, y esos cambios afectarían a toda la creación, incluidas las serpientes. No es especulación concluir que la serpiente perdió su capacidad de caminar o volar el día que Adán cayó. Es apropiado que el agente que provocó la caída de la humanidad también terminara arrastrándose sobre su vientre.

3:15 esta te herirá en la cabeza, y tú le herirás en el calcañar. La palabra hebrea traducida como «herir» también puede significar «aplastar». Una herida en el talón no es mortal, pero una herida en la cabeza sí lo es. Dios estaba diciendo que el maligno un día heriría a Su siervo, Jesucristo, pero el Hijo de Dios aplastaría la cabeza de la serpiente de una vez por todas. Aquí tenemos el primer atisbo del plan de salvación de Dios para la humanidad, un plan que reveló el mismo día del primer pecado del hombre.

3:16 con dolor darás a luz los hijos. El plan original de Dios para el parto y la crianza de los hijos era que fueran sin dolor y sin sufrimiento, una alegría pura sin ninguna forma de tristeza.

Tu deseo será para tu marido, y él se enseñoreará de ti. Esta misma expresión hebrea se usa en Génesis 4:7, cuando Dios le dijo a Caín: «El pecado está a la puerta; [...] a ti será su deseo, y tú te enseñorearás de él». Desde la creación, Dios había ordenado que el hombre y la mujer vivieran en armonía y cooperación, cada uno contento y satisfecho con su papel. Pero ahora, el pecado había corrompido esa relación, y la mujer buscaría tomar el control. Este fue el origen del feminismo, que no es una invención moderna en absoluto.

3:17 Por cuanto obedeciste a la voz de tu mujer. Note que el pecado de Adán fue doble. Primero, «escuchó la voz» de su esposa, es decir, se sometió de manera intencional a su liderazgo. Segundo, comió del fruto prohibido. Eva cayó en pecado al ser seducida para rechazar el liderazgo de su esposo. Adán cayó en pecado cuando siguió ese plan insensato. De esta manera, Satanás logró su deseo inicial: invertir el orden creado.

maldita será la tierra por tu causa. El pecado de Adán tuvo consecuencias que trascendieron su propia vida. Su pecado trajo muerte y tristeza a toda la creación, desde la raza humana hasta el polvo de la tierra del cual fue creado el hombre. Esta fue la primera vez que los humanos se enfrentaron a la triste realidad de que el pecado de una persona podría causar sufrimiento a muchos inocentes. Sin embargo, esto se equilibra con la maravillosa noticia de que el Hijo de Dios traería gracia y salvación a muchos que no eran inocentes.

con dolor comerás de ella. Cuando Dios colocó a Adán en el huerto, su trabajo era una fuente de alegría y satisfacción, ya que toda la creación cooperaba con él y los animales se presentaban ante él en señal de sumisión a su dominio. Sin embargo, ahora toda la creación comenzaría a rebelarse contra el liderazgo del hombre, así como Adán se había rebelado contra el liderazgo de Dios y Eva contra el liderazgo de Adán. Es importante destacar que la maldición afectó al hombre y a la mujer en el centro mismo de sus roles y fuentes de satisfacción: la mujer daría a luz con dolor, y el hombre trabajaría la tierra con sudor y tristeza.

3:19 al polvo volverás. Adán, Eva y todos sus descendientes estaban ahora sujetos a la muerte. Si Adán no hubiera pecado, nunca tendríamos que regresar al polvo del cual fuimos hechos, nuestra relación con Dios habría sido perfecta y nunca conoceríamos el sufrimiento ni la enfermedad. Sin embargo, ahora, debido al pecado, la humanidad se enfrenta a la maldición de la muerte y la descomposición.

> **Los delantales.** Adán y Eva hicieron un intento patético de cubrir su propia vergüenza, pero ahora descubrirían que solo Dios podía hacerlo, y a un alto precio.

3:21 Dios hizo [...] túnicas de pieles, y los vistió. Adán y Eva aprendieron que su vergüenza necesitaba ser cubierta, pero no de la manera que habían anticipado. Primero, no podían cubrir su vergüenza por sí mismos; la cobertura solo podía venir de Dios. Segundo, esa cobertura debía ser completa; las hojas de higuera que habían cosido eran insuficientes. La palabra hebrea en el versículo 7, que significa «taparrabos», se refiere aquí a una prenda que cubría todo el torso. Tercero, esa cobertura solo podría lograrse mediante el derramamiento de sangre inocente, ya que Dios tuvo que quitar la vida de al menos un animal inocente para proporcionar las pieles. Esto es una clara imagen del costo final de la salvación proporcionada por el propio Hijo de Dios.

3:24 Echó, pues, fuera al hombre. Esta fue tanto una acción de juicio como un acto de misericordia por parte de Dios. El juicio llegó porque Dios no podía tolerar el pecado en Su presencia, por lo que el hombre tuvo que irse. Sin embargo, la gracia fue, irónicamente, la certeza de que el hombre moriría, lo que significaba que no viviría para siempre bajo la horrible maldición del pecado, la descomposición y la muerte. «Está establecido para los hombres que mueran una sola vez» (Hebreos 9:27), pero esta muerte puede liberarnos de la maldición de la muerte para siempre a través de la sangre de Jesucristo.

puso [...] querubines. Más tarde, en la historia de Israel, dos querubines o figuras angélicas guardaron el arca del testimonio y el Lugar Santísimo en el tabernáculo (ver Éxodo 25:18-22), donde Dios se comunicaba con Su pueblo.

Analice el texto

1. *¿Cuál fue la naturaleza del pecado de Eva y qué la llevó a cometerlo?*

2. *¿Cuál fue la naturaleza del pecado de Adán y cuáles fueron sus resultados?*

3. *¿Por qué Eva agregó la cláusula de no tocar el fruto prohibido? ¿Qué provocó esa cláusula?*

4. *¿Cómo ha visto la maldición manifestarse en su propia vida? Mencione algunos ejemplos reales.*

Explore el significado

Debatir con el diablo lleva al pecado. El primer error de Eva fue conversar con una criatura cuyas primeras palabras desafiaban las palabras de Dios. El mandato de Dios a Adán fue claro, pero el diablo se aseguró de que el mensaje de Dios pareciera confuso, sutil e incierto.

Hoy en día, el diablo emplea la misma táctica. Muchas personas que se consideran cristianas intentan confundir las enseñanzas claras de la Escritura. Aseguran que la Biblia no puede significar lo que expresa en un lenguaje sencillo, insinuando que se necesita un conocimiento superior para comprender plenamente la Palabra de Dios. Este es un gnosticismo moderno, la misma técnica que el diablo usó en el huerto del Edén.

Cuando alguien desafía las enseñanzas claras de la Escritura, no pierdas tiempo ni energía debatiendo con esa persona.

Dios nunca nos tienta para que pequemos. Él colocó el árbol del conocimiento del bien y del mal en el huerto para ofrecer a Adán la oportunidad de obedecer de forma voluntaria, no para incitarlo a desobedecer. Aunque esta distinción pueda parecer sutil, es fundamental comprenderla.

Como descendientes de Adán, con frecuencia evadimos nuestra responsabilidad al pecar. Hablamos con ligereza de «caer en el pecado» o de estar «ante la tentación», lo que sugiere que no somos responsables de nuestras acciones y que ni siquiera podemos ser culpables.

Cuando enfrentamos la tentación, debemos reconocer que es una oportunidad para demostrar nuestra determinación de obedecer a Dios. La tentación no es más que el deseo de desobedecer los mandamientos divinos, mientras que la obediencia manifiesta, de forma clara, nuestro amor por Él.

El pecado causa separación. El pecado de Adán lo separó de Dios. Él disfrutaba de una comunión diaria con Él, caminando y hablando como amigos cercanos, pero el pecado destruyó esa relación tanto para Adán como para todos sus descendientes. Esa comunión cara a cara nunca se restaurará en esta vida.

El pecado también separó a la humanidad del resto de la creación. La transgresión de Adán trajo sufrimiento y muerte a todo, y todo comenzó a rebelarse contra el liderazgo del hombre, así como el hombre se había rebelado contra el liderazgo de Dios. Debido al pecado de Adán, toda la vida ahora lucha en nuestra contra.

Reflexione sobre el texto

5. *¿Cómo ha presenciado usted los efectos de la separación del pecado en su vida, en su matrimonio, en el trabajo o en la iglesia?*

6. *¿Cuándo intentó usted debatir con alguien que dudaba de la Palabra de Dios y cuál fue el resultado del debate?*

7. *¿Cuándo eligió usted pecar deliberadamente, a pesar de saber que estaba mal, y si pudiera hacerlo de nuevo hoy, qué haría diferente?*

8. *¿Cuándo intentó usted «ocultar» su comportamiento pecaminoso y qué lo motivó a hacerlo? ¿Qué tan bien funcionó?*

Respuesta personal

9. *¿En qué formas ha visto usted la gracia de Dios en su vida? Dé ejemplos específicos.*

10. *¿Qué área de tentación podría estar el Señor pidiéndole que enfrente y qué acción de obediencia podría estar llamándole a tomar?*

Notas:

4

Caín y Abel

Génesis 4:1-8

Contexto

Adán y Eva dejaron el huerto del Edén para comenzar una vida nueva y muy distinta en un mundo caído. Todo había cambiado: los animales se volvieron hostiles entre sí y hacia ellos; espinas y cardos brotaron donde antes solo crecían plantas comestibles; pero lo peor de todo fue la aparición de algo totalmente nuevo: el sufrimiento y la muerte.

No sabemos cuánto tiempo pasó entre la expulsión de Adán y Eva del huerto y el nacimiento de su primer hijo, Caín, pero es muy posible que no fue más de unos pocos años. Algunos sugieren que Caín y Abel pudieron haber sido gemelos, aunque el texto no lo especifica. De cualquier manera, es muy probable que ambos hermanos tuvieran edades cercanas. También es posible que Adán y Eva tuvieran otros hijos además de Caín y Abel durante ese tiempo, aunque no se mencionan en el libro de Génesis; el capítulo 4 se enfoca solo en la historia de Caín y Abel.

El contexto de este capítulo sugiere que Dios había explicado a Adán y a su familia cómo acercarse a Su presencia con los sacrificios correctos. La ley de Moisés aún no existía, por lo tanto, no se realizaba todo el sistema de sacrificios y ofrendas. Sin embargo, como vimos en el estudio anterior, Dios mismo hizo el primer sacrificio animal en el huerto del Edén, estableciendo el ejemplo de lo que se requería: la vida de un animal inocente. Las frutas y los vegetales no eran suficientes.

Acercamiento

Caín y Abel eran hermanos, pero surgió un problema en su relación cuando Dios solo aceptó el sacrificio de Abel. ¿Qué papel juega la envidia en las dinámicas familiares? ¿Por lo común cuál es el resultado final?

Puntos claves del texto

Lea Génesis 4:1-8 y observe las palabras y las frases claves que se indican a continuación.

Dos hermanos. Caín y Abel aparecen en escena; uno es agricultor y el otro es pastor.

4:1 Conoció Adán a su mujer Eva. En hebreo esta palabra se utiliza de diversas formas, pero con más frecuencia denota un conocimiento muy íntimo. En este caso, describe la intimidad sexual entre el hombre y la mujer. En el capítulo anterior de Génesis, se usó en referencia a la nueva intimidad de la humanidad con el mal. Ambas relaciones íntimas dan fruto en este capítulo.

Caín. El nombre Caín significa «poseer». Eva hizo un juego de palabras con el nombre al decir: «Por voluntad de Jehová he adquirido varón».

he adquirido varón. Algunos han sugerido que esto es una referencia al Redentor prometido de la humanidad, que Eva anticipaba que Caín cumpliría la promesa de Dios sobre «la simiente de la mujer» (ver Génesis 3:15). Si ese fue el caso, se llevaría una doble desilusión.

4:2 Después dio a luz. No sabemos qué otros hijos tuvieron Adán y Eva durante este tiempo, pero el texto parece sugerir que Caín y Abel fueron el primero y el segundo, respectivamente. Podemos suponer con seguridad que Adán y Eva tuvieron hijas poco después, ya que ambos hijos estaban casados en su adultez.

Abel fue pastor de ovejas. Las dos profesiones más antiguas son la agricultura, que ejerció Caín, y el pastoreo, que fue la profesión de Abel. Estas son las dos facetas del llamado original de Adán antes de la caída, ya que fue creado para tener autoridad sobre toda la creación: cuidar a los animales y cultivar el huerto del Edén.

Dos ofrendas. Sin dudas, Adán y su familia entendieron que Dios quería que le llevaran ofrendas con cierta regularidad y qué tipo de ofrendas deseaba.

4:3 andando el tiempo. Esta frase indica que habían pasado varios años: Caín ya es un adulto casado (ver el versículo 17).

Caín trajo del fruto de la tierra una ofrenda. A primera vista, esto parece un acto legítimo de adoración por parte de Caín. Después de todo, él era agricultor, por lo que sería natural que ofreciera un diezmo de su cosecha al Señor como muestra de amor y devoción. Sin embargo, el problema radica en que Caín no tenía la autoridad para decidir qué ofrendas eran aceptables ante Dios. Aunque Caín sabía lo que Dios quería, ignoró Su mandato y llevó lo que a él le parecía adecuado.

4:4 ***Y Abel trajo también de los primogénitos de sus ovejas, de lo más gordo de ellas.*** Esto también parece natural, ya que Abel era pastor. Sin embargo, un análisis más profundo revela una diferencia en la redacción: Caín trajo «del fruto de la tierra una ofrenda», mientras que Abel ofreció «los primogénitos» de sus ovejas, incluyendo «de lo más gordo», su grasa. Esto sugiere un regalo generoso, ya que Abel separó la porción para Dios antes de elegir la suya propia. Eligió el primer fruto para el Señor y no escatimó en su generosidad. La grasa del cordero indica que las ovejas fueron sacrificadas, que se derramó su sangre y que murieron. Este es el elemento esencial de la ofrenda que Dios aprobó, como se evidenció en el huerto del Edén. «... sin derramamiento de sangre no se hace remisión» de pecados (Hebreos 9:22).

miró Jehová con agrado a Abel y a su ofrenda. Observe la redacción: miró Jehová *con agrado* a Abel y a su ofrenda. Muchos teólogos hoy afirman que Dios no estaba contento con la «actitud del corazón» de Caín al presentar su ofrenda, pero el texto no apoya esta tesis. Es la ofrenda en sí misma, no la actitud de quien la presenta, lo que le interesa a Dios. La aceptación del Señor hacia Abel se basó en su ofrenda, no en lo que él había dicho o hecho.

Dos respuestas de Dios. Dios acepta la ofrenda de Abel y, por ende, a Abel mismo, pero rechaza la ofrenda de Caín. Caín está en grave peligro.

4:5 ***no miró con agrado a Caín y a la ofrenda suya.*** Aquí, otra vez, se enfatiza la ofrenda, no la actitud de Caín al presentarla. El rechazo de Dios hacia Caín se basó en su ofrenda, no en una preferencia por uno de los hermanos sobre el otro. Dios no hace distinción de personas; exige el sacrificio correcto de cada ser humano, independientemente de su raza, antecedentes, situación financiera, crianza o cualquier otro factor. El sacrificio es lo que abre el camino a la presencia de Dios, no la persona que lo presenta. Sin duda, había un problema con la actitud de Caín, pero no fue la ofensa principal en sí misma, sino que esa actitud *condujo* al pecado.

se ensañó Caín en gran manera. Aquí encontramos la primera señal del problema en el pecado de Caín: quería hacer su propia voluntad. Si hubiera ignorado los mandamientos de Dios sobre los sacrificios animales, podría haber sentido vergüenza, pero no se habría enojado.

decayó su semblante. Caín manifestó su resentimiento, lo que destaca que estaba decidido a actuar según su propia voluntad. Sin duda, sabía que Dios quería un sacrificio de sangre, pero eso podría haberle resultado incómodo; tal vez solo cultivaba y no tenía ganado. Sin embargo, si hubiera querido agradar a Dios, habría ido de inmediato a conseguir un sacrificio animal, incluso intercambiando algunos de sus cultivos con su hermano. Una persona que desea complacer a los demás no se enoja ni se pone malhumorada al descubrir lo que agrada a la otra persona; más bien, se esfuerza por hacer lo que es placentero, incluso si falla su primer intento.

4:6 Entonces Jehová dijo a Caín. Aquí se elimina cualquier duda sobre el conocimiento de Caín respecto a lo que agradaba a Dios. Incluso si Caín no hubiera sabido de antemano qué tipo de sacrificio deseaba Dios, ahora lo entendía. Observe que Dios, una vez más, se esfuerza por reconciliarse con la humanidad; incluso habla de manera clara con un hombre que está en peligro de cometer un grave error.

> ***La gracia de Dios.*** Tanto Caín como Abel tienen la misma oportunidad de encontrar aceptación ante Dios, como el Señor ahora le explica a Caín.

¿Por qué te has ensañado? En lugar de arrepentirse por su desobediencia, Caín mostró hostilidad hacia Dios, a quien no podía matar, y celos de su hermano, a quien sí podía matar (ver Juan 3:12; Judas 11).

4:7 Si bien hicieres, ¿no serás enaltecido? Así como Dios exige el sacrificio correcto de todos, también ofrece Su gracia y salvación a todos, sin importar su herencia, clase social u otros factores. En el caso de Caín, «si bien hicieres» significaba presentar el sacrificio adecuado ante Dios: un cordero cuya sangre había sido derramada. Dios le señalaba a Caín el verdadero problema en su actitud: la obstinación. Advertía que la humanidad no puede acercarse a Él en sus propios términos; debemos aceptar las condiciones de Dios o enfrentar el rechazo divino. Dios rechazaría la ofrenda de Caín si no era la adecuada.

el pecado está a la puerta. La insistencia de Caín en hacerlo a su propia manera condujo a la obstinación y luego a la ira. Si continuaba por este camino, entraría por la puerta de la ira y pasaría a cometer un asesinato. La bestia salvaje del pecado acechaba justo detrás de esa puerta, esperando desgarrarlo. Dios instó a Caín a que regresara de este camino autodestructivo mientras aún podía.

a ti será su deseo, y tú te enseñorearás de él. Esta es la misma frase que el Señor utilizó cuando explicó la maldición a Eva (ver Génesis 3:16). Dios le advirtió a Caín que estaba en peligro de invertir el orden creado, el mismo pecado que cometió Adán en Génesis 3, y le aconsejó que dominara sus propias emociones y decisiones de la misma forma que había aconsejado a Adán, pero los deseos de Caín intentaban dominarlo. El Nuevo Testamento presenta a Satanás como una bestia voraz que acecha en rincones oscuros, esperando atacar a los desprevenidos. «Sed sobrios, y velad; porque vuestro adversario el diablo, como león rugiente, anda alrededor buscando a quien devorar; al cual resistid firmes en la fe, sabiendo que los mismos padecimientos se van cumpliendo en vuestros hermanos en todo el mundo» (1 Pedro 5:8-9). Dios advirtió a Caín sobre este peligro, pero también lo exhortó a vencer a ese enemigo, lo cual Pedro abordó cuando nos animó a resistir al diablo, manteniéndonos «firmes en la fe».

Profundice

Lea Hebreos 11:4 y 1 Juan 3:4-12 y observe las palabras y las frases claves que se indican a continuación.

Abel todavía habla. El autor de Hebreos señala a Abel como un ejemplo de fe, un modelo que estamos llamados a imitar.

Hebreos 11:4. Por la fe. Este es el meollo de los sacrificios de Caín y Abel: la cuestión de la fe. Ambos hombres habían recibido instrucciones sobre lo que Dios demandaba para un sacrificio, pero solo Abel las aceptó por fe. Confiaba en que Dios cumpliría Su palabra si obedecía con el sacrificio correcto. Caín, en cambio, decidió confiar en sus propios esfuerzos y planes.

ofreció a Dios más excelente sacrificio. Como ya se ha mencionado, la diferencia entre Caín y Abel no está en sus personalidades o talentos, sino en el sacrificio que cada uno ofreció. Dios requería un sacrificio con sangre derramada: la sangre de un cordero inocente. Por su obediencia ferviente, Abel se convirtió en un ejemplo para nosotros. Debemos imitarlo, creyendo con fe en que el sacrificio final de Dios nos salvará de nuestros pecados.

Hijos de Dios o del diablo. Juan nos dice que la vida de un cristiano reflejará la justicia y el amor hacia los demás; aquellos que viven como Caín son hijos del diablo.

1 Juan 3:6. no peca. Aquí significa «no sigue pecando». La vida del cristiano se caracteriza por una lucha continua contra el pecado, no por la conformidad con él. Esto no significa que los cristianos nunca pecan; significa que jamás se rinden en la batalla contra el pecado.

todo aquel que peca, no le ha visto, ni le ha conocido. De nuevo, se refiere a «quien sigue pecando», y hace del pecado un hábito o un estilo de vida. La persona que vive bajo el dominio del pecado no ha reconocido la soberanía de Jesucristo.

3:8 del diablo. Juan compara a los hijos de Dios con los hijos de Satanás basado en sus conductas. Mientras que aquellos que han nacido de nuevo reflejan el hábito de la justicia, los hijos de Satanás practican el pecado.

3:10 los hijos de Dios, y los hijos del diablo. Abel y Caín representan estos dos tipos respectivamente. La segunda parte del versículo representa a Caín: él no practicaba la justicia ni amaba a su hermano.

Analice el texto

1. *¿Conoce a alguien que le recuerde a Abel? ¿Y a Caín?*

2. *¿Por qué cree que Caín rechazó el plan de sacrificios de Dios? ¿Por qué obedeció Abel?*

3. *En su opinión, ¿respondió Dios a Caín con demasiada dureza? Sí, no, ¿por qué?*

4. *¿Cuál debería haber sido la respuesta de Caín?*

Explore el significado

Dios no hace distinción de personas; no tiene favoritos. Exige lo mismo a todos los seres humanos: la necesidad de un sacrificio aceptable por el pecado. Ese sacrificio es la sangre de Jesucristo, y no hay excepciones.

Abel tuvo el favor de Dios porque su sacrificio fue aceptable. Presentó una ofrenda adecuada para su pecado, y Dios la aceptó. Lo mismo ocurre con los cristianos: hallamos favor ante los ojos de Dios porque hemos sido cubiertos por la sangre de Jesús. Sin esa sangre, no podríamos estar en Su presencia.

En el mundo actual, es de extrema importancia que la gente comprenda este concepto básico del evangelio. No hay «muchos caminos» hacia Dios; solo hay uno, y es a través de la sangre de Cristo. No hay excepciones.

La gracia de Dios está disponible para todos, sin restricciones. Así como Dios no discrimina en relación con el pecado, tampoco lo hace con respecto a la gracia. Caín tuvo la oportunidad de recibir la gracia de Dios cuando presentó el sacrificio incorrecto, pero rechazó la oportunidad.

Sin embargo, incluso en ese momento, Dios no le retiró por completo Su misericordia. Como veremos en el próximo estudio, después de que Caín mató a su hermano, Dios le ofreció otra oportunidad para arrepentirse y buscar Su gracia. ¡Incluso el pecado de asesinato puede ser perdonado! La verdad es que no hay pecado que no pueda ser cubierto por la sangre de Cristo. Dios anhela extender Su gracia sin restricciones.

Aquellos que rechazan la gracia de Dios se convierten en hijos del diablo. Estas palabras son contundentes para los cristianos en Occidente; suenan críticas, duras y no son «inclusivas». Sin embargo, esta es la enseñanza del Nuevo Testamento. Caín rechazó el plan de Dios para los sacrificios y, con el tiempo, siguió los pasos del diablo: se convirtió en un mentiroso y un asesino.

Es fundamental reconocer que solo hay dos opciones: servir a Jesucristo o servir al diablo. No existe un término medio, no hay «medios tonos», ni otra opción. Aquellos que resisten de forma constante la gracia de Dios poco a poco se asemejarán cada vez más al diablo, que es su padre. La única esperanza de redención de esta espiral descendente es renacer en la familia de Cristo.

Reflexione sobre el texto

5. *¿Es Dios injusto al insistir en que solo hay un camino hacia la salvación? Sí, no, ¿por qué?*

6. *¿Qué significa ser un hijo de Dios? ¿Y un hijo del diablo? ¿Cómo se manifiesta cada uno en términos prácticos?*

7. *¿De qué manera requiere fe ser como Abel? ¿Por qué la salvación en Jesucristo solo es posible sobre la base de la fe y no de buenas obras?*

8. *¿Por qué el Señor se tomó la molestia de decirle a Caín qué estaba mal con su sacrificio y advertirle sobre su actitud? ¿Qué nos enseña esto sobre la gracia de Dios?*

Respuesta personal

9. *¿Es usted un hijo de Dios o un hijo del diablo? ¿Cómo lo sabe?*

10. *¿Es su enfoque hacia Dios parecido al de Abel o al de Caín? ¿Cómo es su trato con las personas que lo rodean?*

Notas:

5

El primer asesinato

Génesis 4:8-16

Contexto

En el estudio anterior, examinamos la triste historia de Caín y Abel, donde dos hermanos ofrecieron diferentes sacrificios al Señor. Dios rechazó la ofrenda de Caín, pero aceptó la de Abel, lo que llenó de ira a Caín. El resultado, como veremos, fue que Caín asesinó a su hermano Abel.

Este es un acontecimiento histórico real, narrado en Génesis 4, que trata sobre personas reales. No obstante, el Nuevo Testamento también presenta a Caín y Abel como «tipos» o imágenes que ilustran dos clases de personas muy diferentes. En este estudio, veremos a Caín como una representación de aquellos que rechazan la salvación ofrecida por Dios a través de Cristo, mientras que Abel simboliza a quienes son redimidos por la sangre de Cristo.

El tema central que abordaremos es que las severas advertencias de Dios a Caín son igualmente válidas para la humanidad hoy: deje de lado su obstinación y arrepiéntase de su ira, o el pecado lo destruirá. El segundo tema que veremos es que el destino de Abel es comparable al sufrimiento que Dios pide a Su pueblo soportar incluso en la actualidad.

Acercamiento

¿Qué cree usted que lleva a una persona a asesinar a otra? ¿Por qué es tan frecuente el asesinato incluso dentro de las familias?

Puntos claves del texto

Lea Génesis 4:8-16 y observe las palabras y las frases claves que se indican a continuación.

Asesinato. Dios le advierte a Caín que controle sus emociones y determinaciones, pero él se mantiene firme en su decisión de rechazar el plan de Dios. Prefiere hallar su propio camino hacia Dios y permite que sus deseos lo controlen. Entonces, el pecado da su fruto final: el asesinato.

4:8 Y dijo Caín a su hermano Abel. Lo interesante es que ambos hermanos, uno que había encontrado paz con Dios y otro que desafió a Dios, vivían juntos a diario. Cuando aceptamos la salvación en Cristo y nos convertimos en Sus hijos, Dios no nos saca de este mundo. Seguiremos codeándonos cada día con aquellos que aman a Dios, aquellos que lo odian y las multitudes incontables que están en algún punto intermedio. (Por supuesto, en realidad no existe tal «punto intermedio»).

Caín se levantó. Esta acción física reflejaba lo que su corazón había estado practicando todo el tiempo: se elevó a sí mismo y se puso por encima de su hermano. Lo consumía su propia voluntad y la prefería a la de Dios. Tal actitud fue la que lo llevó a presentar una ofrenda inaceptable ante Dios, y aquí lo condujo a imponerse sobre su hermano con violencia mortal.

lo mató. ¿Por qué Caín asesinó a Abel? «Porque sus obras eran malas, y las de su hermano justas» (1 Juan 3:12). «Sino que cada uno es tentado, cuando de su propia concupiscencia es atraído y seducido. Entonces la concupiscencia, después que ha concebido, da a luz el pecado; y el pecado, siendo consumado, da a luz la muerte» (Santiago 1:14-15). Jesús nos advirtió que aquellos que lo siguen serán odiados y perseguidos por el mundo. «Si el mundo os aborrece, sabed que a mí me ha aborrecido antes que a vosotros. Si fuerais del mundo, el mundo amaría lo suyo; pero porque no sois del mundo, antes yo os elegí del mundo, por eso el mundo os aborrece. Acordaos de la palabra que yo os he dicho: El siervo no es mayor que su señor. Si a mí me han perseguido, también a vosotros os perseguirán; si han guardado mi palabra, también guardarán la vuestra» (Juan 15:18-20).

Encubrimiento. Dios confronta a Caín por su crimen para llevarlo a la confesión y al arrepentimiento, pero Caín prefiere mentir.

4:9 *¿Dónde está Abel tu hermano?* A lo largo de Génesis y de toda la Biblia, vemos a Dios intentando reconciliarse con hombres y mujeres de manera individual. Si Caín hubiera confesado su pecado en ese momento, Dios lo habría perdonado, incluso después de asesinar a su propio hermano.

No sé. La respuesta de Caín a Dios revela de dos maneras a quién servía. Primero, mintió con todo descaro, ya que *sabía* muy bien dónde estaba su hermano. Esto muestra que su verdadero señor era el diablo, el padre de mentira y «homicida desde el principio» (Juan 8:44), y que Caín había sellado su lealtad a él.

¿Soy yo acaso guarda de mi hermano? La pregunta de Caín, una de las más infames en la historia, muestra que también se servía a sí mismo. De hecho, fue tal naturaleza egoísta la que lo llevó a caer en esta trampa mortal desde el principio. Este es el destino final de quienes rechazan el plan de salvación de Dios. Jesús respondería a esta pregunta en la parábola del buen samaritano (ver Lucas 10:25-37), y su respuesta sería afirmativa.

Consecuencias. La negativa de Caín a arrepentirse de su pecado hace que la justicia de Dios caiga sobre él. Sin embargo, incluso en esto, Dios todavía muestra misericordia y gracia.

4:10 *La voz de la sangre de tu hermano clama a mí desde la tierra.* En Génesis 3, Dios llama con ternura a Adán en el huerto del Edén. Ahora, escuchamos la voz indignada de la creación que clama contra el atroz y antinatural acto del asesinato. Dios permite que su pueblo sufra por el odio del mundo, pero está plena conciencia de todo su sufrimiento (ver Apocalipsis 6:9-11).

4:11 *maldito seas tú de la tierra.* Toda la creación se rebelaría ahora contra Caín, de la misma manera que Caín se rebeló contra su Creador.

4:12 *Cuando labres la tierra, no te volverá a dar su fuerza.* La maldición que enfrentó Adán fue que su trabajo requeriría mucho sacrificio, ya que la tierra resistiría sus esfuerzos. Esta maldición parece ir más allá, pues da la idea de que Caín nunca volvería a ejercer control sobre el entorno, sin importar cuánto se esforzara.

errante y extranjero. Aquí vemos otro aspecto de la maldición que se intensificó en el caso de Caín. Adán y Eva fueron expulsados del huerto del Edén, pero probablemente encontraron otro lugar donde establecerse. Sin embargo, Caín estaría obligado a vagar por la tierra durante el resto de su vida, imitando a su padre espiritual, el diablo, quien no se cansa de «rodear la tierra y de andar por ella» (Job 1:7).

4:13 *Grande es mi castigo para ser soportado.* Caín se quejó y lamentó cuando no obtuvo lo que quería. Luego tuvo un arranque de ira y, al final, desahogó su rabia en su hermano inocente. Ahora se lamentaba de nuevo. Este es el patrón de conducta de las personas que se centran demasiado en sí mismas, aquellas que se consienten y miman. Es una crítica alarmante al moderno fetiche de la «autoestima».

4:14 cualquiera que me hallare, me matará. Esto muestra que, para ese momento, la población de la tierra ya había crecido considerablemente. Es interesante que Caín mencionara las tres cosas que Dios especificó en la maldición y luego añadiera una más por su cuenta. Dios no dijo que Caín sería perseguido y asesinado, pero él asumió que eso sucedería. Este es uno de los efectos más comunes del pecado: nos volvemos temerosos y tomamos decisiones basadas en el miedo. Lo mismo le ocurrió a Adán, quien tuvo miedo de Dios, el único que podía resolver su problema autoinducido. El miedo nos aleja de Dios en lugar de acercarnos a Él.

4:15 Jehová puso señal en Caín. Aunque no se detalla aquí, la señal consistía en una marca identificable que resguardaba la vida de Caín bajo la protección divina. Al mismo tiempo, era un recordatorio visible de su vergüenza y culpa de por vida.

4:16 Salió, pues, Caín de delante de Jehová. ¡Qué triste declaración! Hay una conclusión que sugiere que Caín nunca volvió a entrar en la presencia de Dios.

Analice el texto

1. *¿Por qué se enfureció Caín cuando Dios rechazó su sacrificio? ¿Cómo podría haber optado por responder de otra forma?*

2. *Caín y Abel convivían a diario. ¿Qué tipo de persona era Caín? ¿Qué clase de vecino sería?*

3. *¿Cómo revela la respuesta de Caín a Dios, tras el homicidio de Abel, a quién servía en su corazón?*

4. *¿En qué se parecía y en qué se diferenciaba la maldición de Caín de la de Adán y Eva? ¿Cómo mostró Dios Su gracia incluso después de pronunciar la maldición?*

Explore el significado

Solo hay una manera de entrar en la presencia de Dios. El pecado de Caín consistió en intentar hacerlo en sus propios términos. Aunque sabía que Dios exigía un sacrificio animal, decidió ofrecer frutas y verduras. Irónicamente, el Señor establecería más tarde «ofrendas de grano» bajo la ley de Moisés, pero Caín no tuvo esa opción. Este sacrificio inicial era una ofrenda por el pecado, destinada a representar la expiación de Dios por los pecados de la humanidad. Para ello, se requería la sangre derramada de un cordero inocente.

La respuesta de Dios a Caín revela Su determinación de mostrar a la humanidad el costo de la redención. Estos sacrificios eran representaciones de la muerte sacrificial de Jesucristo, y solo la sangre de un cordero sin mancha sería suficiente.

Caín es el arquetipo de la enseñanza del mundo de que existen muchas formas de llegar a Dios, que hay múltiples caminos hacia la paz y la felicidad eternas. Sin duda, hay muchos caminos que conducen a Cristo, pero el camino hacia el Padre es solo a través de la sangre derramada de Jesús. Todos los que insistan en encontrar su propio camino hacia Dios sufrirán el mismo destino que Caín: se excluirán para siempre de la presencia de Dios.

Cuando el pecado acecha a nuestra puerta, debemos rechazarlo. La ofrenda de Abel fue aceptada no solo porque era un animal, ni porque era lo mejor de lo que tenía, ni siquiera porque provenía de un corazón fervoroso por Dios, sino porque fue ofrecida con obediencia en todos los aspectos, de acuerdo con lo que Dios debió haber revelado. Caín, al despreciar la instrucción divina, llevó lo que quiso: parte de su cosecha.

En lugar de arrepentirse por su desobediencia pecaminosa, Caín se mostró hostil hacia Dios, a quien no podía matar, y celoso de su hermano, a quien sí podía. Dios le recordó que, si hubiera obedecido y ofrecido los sacrificios animales que Él exigía, sus ofrendas habrían sido aceptadas. Además, le advirtió que, si no obedecía Sus mandamientos, el pecado, siempre presente, agazapado y esperando para abalanzarse como un león, cumpliría su deseo de dominarlo.

Caín tuvo la oportunidad de examinar su corazón y cambiar su camino. Sin embargo, rechazó la sabiduría que Dios mismo le había compartido, desestimó hacer el bien y se negó a arrepentirse. De este modo, el pecado se abalanzó sobre él y lo convirtió en un asesino.

Somos responsables de nuestros hermanos. El mundo nos dice que debemos aprender a amarnos a nosotros mismos antes de poder amar a los demás. Sin embargo, la Biblia enseña lo contrario. De hecho, Caín demostró que no necesitamos aprender a amarnos; nacemos con esa capacidad. Caín puso sus propios intereses por encima de los de su familia y de Dios.

Estamos llamados a considerar a los demás como *superiores* a nosotros mismos (ver Filipenses 2:3) y a poner sus intereses por delante de los nuestros. Al invertir esta verdad, en seguida nos decepcionamos porque no logramos lo que queremos. Esta frustración conduce a la ira y al resentimiento, y tales emociones pueden llevar al asesinato. No siempre se manifiesta como un asesinato físico, pero Jesús declaró que el odio y el resentimiento hacia los demás son equivalentes a asesinarlos en nuestro corazón (ver Mateo 5:21-26).

Dios es quien establece las reglas. El rechazo de Dios hacia Caín puede parecer severo a las sensibilidades modernas. Podríamos sentirnos tentados a simpatizar con Caín y su ira hacia Dios por ser «tan exigente» con su ofrenda. Después de todo, ¿no importa más la actitud del corazón? El corazón de Caín estaba en el lugar correcto, ¿no es así? En realidad, no lo estaba. Caín pensaba que Dios debía estar agradecido por recibir su ofrenda en vez de mostrarse desagradecido. Su actitud reflejó el pensamiento natural de la humanidad y del mundo que nos rodea: *yo soy quien establece mis propias reglas y nadie más va a dictar cómo debo vivir.*

Este pensamiento se basa en la mentira de Satanás de que somos nuestros propios dioses. Adán decidió que haría sus propias elecciones en el huerto del Edén, a pesar de saber muy bien que comer del fruto prohibido lo llevaría a la muerte. Puede parecer noble sugerir que una persona preferiría morir antes que vivir en esclavitud, pero la realidad es que la humanidad nunca podrá ser verdaderamente libre a menos que esté bajo la autoridad de su Creador. En realidad, el ser humano siempre estará en esclavitud: ya sea al pecado y a la muerte, o a Cristo y a la vida eterna. Pablo se llamó a sí mismo un «siervo de Jesucristo» (Romanos 1:1), lo que refleja la actitud correcta del pueblo de Dios.

Reflexione sobre el texto

5. *¿De qué manera el mundo que nos rodea nos incita a cometer el pecado de Caín al «hacer las cosas a nuestra manera» e insistir en nuestros propios derechos?*

6. *¿Cuándo ha observado este rasgo en otra persona? ¿Cuándo lo ha observado en sí mismo?*

7. *¿Cree que es necesario aprender a amarse a sí mismo antes de poder amar a los demás? ¿Y antes de amar a Dios? ¿Cómo se compara esta idea con lo que leyó en Génesis 4:8-16?*

8. *¿Qué dice el mundo sobre cómo una persona puede llegar al cielo? ¿Qué opina sobre el carácter de Dios?*

Respuesta personal

9. *¿Ha entregado su vida al camino de salvación de Dios? Si no es así, ¿qué le impide someterse a Su voluntad en este momento?*

10. *¿Contribuye de manera regular y generosa a la obra de Dios? ¿Qué tan bien está entregando a Dios lo mejor de usted? ¿Sus primicias?*

Notas:

Notas:

6

Noé y el arca

Génesis 6:5-22

Contexto

Ha pasado el tiempo una vez más, y ahora estamos cerca de 1500 años después de la creación. Génesis 5 proporciona una genealogía completa desde Adán hasta Noé; muestra que transcurrieron alrededor de 1056 años desde la creación de Adán hasta el nacimiento de Noé, y que Noé tenía 600 años cuando Dios inundó toda la tierra. Durante ese tiempo, la humanidad no mejoró.

En realidad, Génesis nos dice que «la maldad de los hombres era mucha en la tierra, y que todo designio de los pensamientos del corazón de ellos era de continuo solamente el mal» (6:5). La maldad de la humanidad había llegado a ser tan grande que «se arrepintió Jehová de haber hecho hombre en la tierra» (versículo 6). Sin embargo, en medio de esta gran maldad, había un hombre que «halló gracia ante los ojos de Jehová» (versículo 8): un hombre llamado Noé.

Dios eligió a Noé para convertirse en un segundo Adán, el padre de la raza humana. Este honor apartó a Noé de todos los demás seres humanos en la tierra, lo que indica que había algo especial en él a los ojos de Dios. En este estudio, examinaremos más de cerca quién fue Noé para que podamos aprender a imitarlo y así también hallemos gracia ante Dios.

Acercamiento

Noé fue un hombre que se destacó en su generación. ¿Quiénes son algunas personas hoy en día que usted siente que se destacan por sus creencias o su carácter? ¿Cómo se destacan?

Puntos claves del texto

Lea Génesis 6:5-22 y observe las palabras y las frases claves que se indican a continuación.

Un mundo malvado. La humanidad ha caído en una profunda degeneración, tanto que Dios declara que se arrepiente de haber creado a los seres humanos.

6:5 todo designio de los pensamientos del corazón de ellos era de continuo solamente el mal. Esta es una afirmación contundente sobre la verdadera naturaleza del corazón del hombre. Santiago nos dice que el comportamiento pecaminoso del hombre comienza en su vida de pensamiento (ver Santiago 1:14-15). Jeremías afirma: «Engañoso es el corazón más que todas las cosas, y perverso; ¿quién lo conocerá?» (17:9). Esta es una enseñanza recurrente en la Escritura y desafía la noción errónea del mundo de que la humanidad es buena por naturaleza.

6:6 se arrepintió Jehová de haber hecho hombre en la tierra. Esta es una profunda revelación del carácter de Dios; Él puede sentir tristeza y aflicción. Lo que le causa dolor es el pecado de Su criatura especial, el hombre, a quien diseñó y creó para mantener un grado especial de comunión con Él. Se entristece de que el hombre ahora gaste sus energías y talentos ideando nuevas formas de desafiar a su Creador.

Un hombre diferente. Sin embargo, hay un hombre en esa generación inicua cuya vida es diferente, uno que encuentra favor ante los ojos de Dios.

6:8 Pero Noé halló gracia ante los ojos de Jehová. El nombre Noé significa «descanso». Su padre profetizó en su nacimiento: «Este nos aliviará de nuestras obras y del trabajo de nuestras manos, a causa de la tierra que Jehová maldijo» (Génesis 5:29). En medio de la inusitada maldad del mundo, Noé se destacó como alguien del todo diferente. Esto nos obliga a preguntarnos qué era lo que lo hacía diferente. ¿Qué había en Noé que le otorgó el favor y la gracia de Dios?

6:9 Noé, varón justo. Aquí comienza nuestra respuesta. Esta afirmación sugiere que había escasa justicia en la sociedad que rodeaba a Noé, donde los hombres malvados eran recompensados y los inocentes eran castigados, tal como sucede hoy en Occidente. Sin embargo, Noé buscaba la justicia en sus relaciones con su familia y vecinos.

perfecto en sus generaciones. Es decir, Noé era irreprensible entre sus contemporáneos. La Biblia dice lo mismo de Daniel, quien llevó una vida tan intachable que sus enemigos no pudieron encontrar ningún cargo en su contra (ver Daniel 6:4).

con Dios caminó Noé. Esta es la razón principal por la que Noé pudo ser justo e irreprensible en medio de una generación malvada: él andaba con Dios. La palabra hebrea traducida como «andaba» se utiliza para expresar «venir», «ir», «caminar» o «proceder». En lenguaje figurado, significa vivir o morir, o la manera de vivir de una persona. En otras palabras, toda la vida de Noé estaba marcada por la presencia de Dios. Noé tomaba todas sus decisiones, trataba todos sus asuntos y actuaba en su vida cotidiana con la actitud consciente de estar en la presencia de Dios.

Salvación. Dios había determinado eliminar la corrupción en la tierra por medio de un diluvio. Sin embargo, prometió mantener a Noé y a su familia a salvo en el arca.

6:13 los destruiré con la tierra. «destruiré» no significaba aniquilación, sino que se refería al juicio del diluvio, tanto de la tierra como de sus habitantes.

6:14 Hazte un arca. Dios no diseñó el arca para ser ni bella ni rápida; sus dimensiones proporcionaban una estabilidad excepcional en las agitadas aguas del diluvio. El arca contaba con tres niveles, cada uno de aproximadamente 4,5 metros de altura, y cada cubierta estaba dividida en varias habitaciones; el término literal es «nidos».

brea. La brea era una sustancia resinosa utilizada para sellar las juntas y grietas en la madera.

6:16 ventana. La «ventana» pudo haber sido en realidad un muro bajo alrededor del techo plano para recoger agua para todos los que estaban en el arca.

6:18 Pero estableceré mi pacto contigo. A diferencia del resto de la creación que Dios iba a destruir, Noé y su familia no solo serían preservados, sino que también disfrutarían dc la provisión y protección de una relación de pacto con Dios. Esta es la primera vez que se menciona el pacto en la Escritura.

Analice el texto

1. *¿Qué significa ser justo? ¿Cómo puede usted mostrar justicia en situaciones cotidianas? Dé algunos ejemplos.*

2. *¿Qué significa ser intachable en su generación? Enumere algunas personas que conozca que encajen en esa descripción.*

3. *El nombre de Noé significaba «descanso». ¿Cómo vivió conforme a ese nombre? ¿De qué maneras otros encontraron descanso a través de él? ¿Cómo incluso Dios encontró descanso en él?*

4. *¿Por qué Noé halló gracia ante los ojos de Dios? ¿En qué se diferenciaba del mundo que lo rodeaba?*

Explore el significado

Dios es misericordioso pero también justo. Con frecuencia, los cristianos se enfocan en la misericordia y la gracia de Dios, a veces en detrimento de Su justicia. No hay duda de que las misericordias de Dios «nuevas son cada mañana» (Lamentaciones 3:23) y que Su gracia se extiende a todos; sin embargo, no debemos perder de vista que Él también es justo en todos los aspectos. Es fácil que la humanidad olvide este detalle, ya que Dios es muy paciente y rápido para perdonar.

La justicia de Dios caerá algún día en su totalidad sobre el pecado y la maldad de la humanidad. Las personas en la época de Noé nunca habían presenciado la justicia y la ira de Dios, lo que las llevó a engañarse pensando que nunca las verían. Esta es una creencia peligrosa, ya que la ira de Dios está «esperando», contenida para darle a la humanidad el tiempo necesario para el arrepentimiento y la salvación.

El Nuevo Testamento nos advierte que los tiempos finales llegarán cuando la vida en la tierra sea «como en los días de Noé» (Mateo 24:37). Dios prometió a Noé que nunca volvería a destruir la tierra con un diluvio (ver Génesis 9:11), pero también ha asegurado que llegará el día en que destruirá la tierra con fuego (ver 2 Pedro 3:10-11; Apocalipsis 20:9).

Dios muestra fidelidad a quienes caminan con Él. En la época de Noé, el mundo se había vuelto tan malvado y corrupto que Dios ya no podía soportar la presencia de la humanidad. Decidió destruir a *todos* los seres vivos, no solo a los humanos. Sin embargo, en medio de esta situación, encontró a un hombre que caminaba fielmente con Él y preservó tanto a Noé como a su familia. Ni siquiera se mojaron.

Esto sugiere que Dios siempre está buscando, no para encontrar pecadores a quienes castigar, sino para hallar hombres y mujeres justos a quienes recompensar. Incluso si solo hay dos o tres justos, Él siempre será fiel para protegerlos y preservarlos de Su ira. Lo mismo ocurrió con Lot y su familia, quienes fueron rescatados de Sodoma antes de su destrucción (ver Génesis 19:1-17).

Estamos llamados a caminar con Dios. El libro de Génesis enfatiza una y otra vez que Noé obedeció a Dios en todo. Aunque era pecador, como se evidencia en un capítulo posterior, su vida se caracterizaba por una firme determinación de obedecer a Dios. Noé también demostró lo que Dios desea en Su pueblo: un corazón firme en la obediencia. No cuestionó a Dios ni argumentó en contra de Su plan; solo hizo lo que Dios le indicó. Nunca había visto una tormenta o una inundación, al igual que los demás en su mundo, pero eligió ser diferente y obedecer por fe. Noé es solo uno de los muchos en la Escritura que «caminó con Dios» (Génesis 6:9). Estos hombres y mujeres vivieron con la conciencia de la presencia de Dios en todo momento. Dondequiera que iban, caminaban como si Dios estuviera a su lado. Cada palabra que pronunciaban y cada acción de sus vidas estaban marcadas por el reconocimiento de que Dios estaba observando y escuchando.

Este estilo de vida es accesible para todos los que han aceptado a Jesús como Salvador, porque tenemos al Espíritu Santo viviendo dentro de nosotros, y Él desea este estilo de vida para nosotros incluso más de lo que nosotros mismos lo deseamos. Noé demostró la clave de esto: confiar y obedecer. Era rápido para adorar a Dios, creer en Su palabra y obedecer. Este sigue siendo el camino para caminar con Dios, incluso en el siglo XXI.

Reflexione sobre el texto

5. *¿En qué se parece el mundo que te rodea al mundo de los días de Noé? ¿En qué no se parece?*

6. *¿Qué disciplinas tiene en su vida que le ayudan a caminar con Dios? ¿Qué obstáculos tiene que interfieren?*

7. *¿Qué le resulta más fácil: confiar u obedecer? ¿Por qué? ¿Cómo puede el ejemplo de Noé ayudarlo a hacer ambas cosas?*

8. *¿Cuándo se ha sentido profundamente triste o afligido por las acciones de un ser querido? ¿Cómo podría esto darle una idea de la respuesta de Dios a su pecado?*

Respuesta personal

9. *¿Con qué frecuencia pasa tiempo a solas adorando a Dios? ¿Con qué frecuencia pasa tiempo adorando a Dios con otros?*

10. *¿Es, como Noé, siempre rápido para adorar a Dios, creer en Su palabra y obedecer? Sí, no, ¿por qué? ¿Qué cambios necesita hacer para mejorar?*

Notas:

Notas:

7

El diluvio

Génesis 7:1–8:22

Contexto

La ciencia moderna nos dice que la humanidad está mejorando y volviéndose más inteligente y sabia todo el tiempo. Sin embargo, como vimos en el estudio anterior, los 1500 años desde el momento de la creación hasta el tiempo de Noé revelan que esto no es cierto. La raza humana se había vuelto tan depravada que Dios se arrepintió de haberla creado. De hecho, determinó en Su corazón destruirla.

Si ese hubiera sido el final de la historia, usted no estaría leyendo este libro, porque no existiría. Afortunadamente para todos nosotros, Dios encontró a un hombre justo en medio de esta generación malvada llamado Noé, un hombre que le temía y hacía todo lo que Él ordenaba. Dios eligió a Noé para construir un arca para salvarlo a él y a su familia, y de esta manera se convirtió en un segundo padre para la raza humana.

Noé tardó unos cien años en construir el arca. Durante ese tiempo, se dedicó a advertir a las personas que lo rodeaban que Dios estaba a punto de enviar un juicio mundial sobre la tierra. El arca tenía espacio para acomodar a todos los que querían escapar de ese juicio, pero nadie escuchó.

Acercamiento

Los desastres naturales ocurren en nuestro mundo de manera regular. ¿Cómo cree que reaccionan la mayoría de las personas cuando experimentan estos «actos de Dios»?

Puntos claves del texto

Lea Génesis 7:1-8:22 y observe las palabras y las frases claves que se indican a continuación.

> **La construcción de un arca.** En Génesis 6, Dios le ordena a Noé construir un arca. A Noé le toma un siglo construirla, tiempo durante el cual predica sobre el inminente juicio de Dios.

7:2 De todo animal limpio tomarás siete parejas. Por lo general, imaginamos que Noé reunió dos de cada especie de animal en la tierra (un macho y una hembra), pero esta idea no es precisa. Dios le ordenó que recogiera siete parejas de cada animal limpio, y una pareja de cada animal impuro. Para obtener más información sobre los animales limpios e impuros, consulte Levítico 11 y Deuteronomio 14.

7:4 pasados aún siete días. Dios ya le había dado 100 años a la humanidad para que se arrepintiera. Noé fue un «pregonero de justicia» (2 Pedro 2:5) para el mundo que lo rodeaba, mientras «esperaba la paciencia de Dios» (1 Pedro 3:20) en el tiempo que construía el arca. Ahora, Dios ofrecería una semana más para que otros se arrepintieran y encontraran salvación en el arca; sin embargo, nadie respondió.

yo haré llover sobre la tierra cuarenta días y cuarenta noches. Hasta este momento, nunca había llovido en la tierra, al menos no en grandes cantidades. Quizás, esta es parte de la razón por la cual la gente se burlaba de Noé mientras construía el arca, diciendo: «Algo así nunca ha sucedido antes; por lo tanto, estamos seguros de que nunca ocurrirá». Este pensamiento necio todavía prevalece en el mundo de hoy.

raeré de sobre la faz de la tierra a todo ser viviente que hice. Algunas personas suponen que en un principio la tierra estaba rodeada por un dosel de vapor de agua. Este dosel protegía la tierra de los dañinos rayos del sol y contribuía a las largas vidas que se documentan en Génesis. Si tal dosel existió, sin duda contenía suficiente agua para inundar la tierra. A esto se sumó una gran cantidad de aguas subterráneas que emergieron desde abajo de la superficie terrestre. Todas las criaturas vivientes murieron, a excepción de los peces. («Todo lo que tenía aliento de espíritu de vida en sus narices, todo lo que había en la tierra, murió», Génesis 7:22).

7:5 E hizo Noé conforme a todo lo que le mandó Jehová. Este es el elemento práctico que significa «caminar con Dios». Sin duda, un hombre que camina con Dios dedicará tiempo a la lectura de Su Palabra, se comunicará en oración, se reunirá con otros de ideas afines, y así sucesivamente. No obstante, el centro de todo esto es una palabra: *obediencia*. La vida de Noé se caracterizó por su obediencia a Dios. Todo lo que Dios le ordenó, él lo cumplió tal como Dios lo había indicado. En esto, Noé es un tipo de Cristo y también un segundo Adán: un hombre cuya vida se caracterizó por la obediencia total al Padre.

¡Todos a bordo! Noé y su familia entran en el arca, y Dios cierra la puerta. Pronto no habrá ningún lugar seguro en la tierra, excepto dentro del arca.

7:6 Era Noé de seiscientos años. Las genealogías de aquellos que vivieron antes del diluvio documentan vidas largas en extremo. Matusalén, el hombre más longevo en la Biblia, vivió hasta los 969 años (ver Génesis 5:27). Sin embargo, las vidas de los que nacieron después del diluvio son mucho más cortas, lo que da cierta credibilidad a la idea de que la tierra estaba rodeada por un dosel de vapor de agua.

7:11 en el mes segundo. Las fechas y el cronograma del diluvio son meticulosos y específicos, lo que indica que Moisés lo aceptó como un evento real e histórico. No se trata de un mito o una fábula; es historia literal. El diluvio completo duró un año y diez días desde el principio hasta el fin (ver Génesis 7:11–8:14).

las fuentes del grande abismo. Las aguas brotaron desde las profundidades de la tierra y cayeron con violencia desde los cielos. Lo más probable es que también ocurrieran terremotos cuando las aguas subterráneas rompieron la superficie terrestre. Es la imagen de una catástrofe mundial, no un suceso limitado a una región geográfica específica.

7:13 En este mismo día entraron [...] en el arca. Como hemos visto, Dios le dio a la humanidad todas las oportunidades posibles para arrepentirse, hasta el último momento. Dios siempre extiende Su gracia y misericordia hacia la humanidad, pero llega el tiempo en que Su juicio se manifiesta. Él es misericordioso, pero *también* justo.

7:15 Vinieron, pues, con Noé al arca. Esto sugiere que Dios llevó los animales a Noé; él no tuvo que recorrer la tierra para buscar dos de cada especie.

7:16 y Jehová le cerró la puerta. Dios mismo cerró la puerta del arca, y solo Él podía abrirla de nuevo. Esto sugiere que la puerta había estado abierta todo este tiempo, una puerta literal abierta para aquellos que quisieran entrar a la salvación. Sin embargo, cuando el tiempo se cumplió por completo, Dios cerró esa puerta, y nunca más se abriría para los que quedaron afuera. «He aquí ahora el tiempo aceptable; he aquí ahora el día de salvación» (2 Corintios 6:2), pero este día no durará para siempre.

Sube el nivel de las aguas. Todo el planeta está cubierto por un agua tan profunda que cubre las cimas de las montañas.

7:18 *flotaba el arca sobre la superficie de las aguas.* El Nuevo Testamento utiliza el arca como una representación del plan de salvación de Dios y de la Iglesia. Aquí vemos el horrible juicio de la ira de Dios que se derrama sobre todo el mundo y destruye toda vida en el planeta, mientras el pueblo de Dios permanece a salvo de esa destrucción. Ninguna parte del juicio de Dios cayó sobre la familia de Noé. Así será para la Iglesia de Dios cuando Su juicio final se derrame sobre la tierra.

7:20 *fueron cubiertos los montes.* Quince codos equivalen a casi 7 metros (más de 22 pies) de profundidad, lo que significa que la montaña más alta estaba sumergida bajo al menos esa cantidad de agua. El arca finalmente se posó sobre el monte Ararat, que tiene 17 000 pies (5182 metros) de altura. Una vez más, estas sencillas estadísticas demuestran sin lugar a dudas que el agua cubrió todo el planeta, no solo una pequeña región geográfica como algunos han afirmado.

> **La ira de Dios se aplaca.** La naturaleza de Dios exige tanto misericordia como juicio. Sin embargo, ahora que Su juicio ha sido aplacado, Su misericordia se manifiesta con claridad.

8:1 *se acordó Dios de Noé.* Esto no significa que Dios se hubiera olvidado de Noé, sino que Su ira contra la maldad de la humanidad había sido aplacada. Él «se acordó» de Su misericordia divina hacia la humanidad, ya que Su juicio divino había sido cumplido, y dirigió Su atención a establecer a Noé en la tierra después del diluvio.

hizo pasar Dios un viento sobre la tierra. Aquí vemos algunas repeticiones de la creación original de la tierra. Su Espíritu se movía sobre las aguas durante la creación, y ahora envía «un viento» para pasar sobre las aguas. La palabra para «viento» es la misma que para «espíritu».

8:4 *los montes de Ararat.* Estas elevaciones se encuentran en la región del Cáucaso, los picos más altos de la actual Turquía.

8:7 *un cuervo.* Los cuervos son carroñeros, pájaros de muerte. Sin duda encontró mucha carne en descomposición para alimentarse, pero no había tierra seca adecuada para posarse. Continuaba «yendo y volviendo», es decir, salía por la ventana del arca y volvía de nuevo.

8:8 *Envió también de sí una paloma.* Una paloma es mucho más selectiva al escoger su alimento que un cuervo. La elección de alimento de la paloma indicaría que nueva vida había comenzado a crecer y que Noé y su familia también podrían sobrevivir fuera del arca.

8:11 *una hoja de olivo en el pico.* Esto indica que las aguas habían disminuido hasta el punto en que los árboles estaban secos y comenzaban a brotar hojas frescas. Es por ello que la paloma y la rama de olivo han perdurado a lo largo de la historia como símbolos de paz.

8:13 quitó Noé la cubierta del arca. Quizás era una ventana o una especie de escotilla. Noé no salió del arca hasta que Dios le mandó que lo hiciera (ver Génesis 8:16).

Noé adoró. Noé no solo obedece a Dios, sino que también lo adora. Estas características lo distinguen de su generación y revelan el secreto de su sólida relación con Dios.

8:20 edificó Noé un altar a Jehová. Noé y su familia habían estado encerrados dentro del arca durante 378 días. No habían sentido la luz del sol, tocado tierra seca ni vivido ningún tipo de existencia normal durante ese tiempo, pero lo primero que hizo Noé después de salir del arca fue construir un altar para adorar a Dios. La mayoría de las personas se apresuraría a construir un refugio, a reunir comida y demás, e incluso planear una fiesta, pero Noé era un hombre que caminaba con Dios, y su primer pensamiento fue adorar.

8:21 percibió Jehová olor grato. La justicia de Dios había sido satisfecha y Su ira se había apaciguado. Una vez más, Noé nos da una imagen de Cristo, cuyo sacrificio perfecto por el pecado sería más tarde la ofrenda final, el sacrificio que realizó la expiación completa por los pecados del hombre y abrió el camino para eliminar la maldición.

Analice el texto

1. *¿Qué provocó la ira de Dios sobre la tierra?*

2. *¿Por qué Dios destruyó a todos los seres vivientes en lugar de solo a los humanos?*

3. *¿Qué enseña este suceso sobre el carácter de Dios y sobre el carácter del hombre?*

4. *¿Por qué eligió Dios a Noé? ¿Qué dos características poseía que lo hacían diferente de las personas que lo rodeaban?*

Explore el significado

Dios siempre rescata a Su pueblo de Su ira. Cuando llegue el día de la ira de Dios en el futuro sobre la tierra, primero quitará a Su pueblo. Su intervención con Noé hace milenios sirve como una vívida imagen de Su futura relación con la Iglesia. Así como mantuvo a Noé y su familia a salvo por encima de las aguas del diluvio, también mantendrá a Su Iglesia a salvo de la plenitud de Su ira.

Dios es fiel a Su pueblo y a Sus promesas, y siempre preservará a Su iglesia. Esto no significa que el pueblo de Dios no sufrirá, sino que ese sufrimiento será solo un estado temporal, mientras que la ira de Dios trae condenación eterna y separación de Su presencia. Noé y su familia sufrieron alguna privación y malestar dentro del arca, pero Dios los mantuvo vivos y a salvo durante el terrible derrame de Su ira sobre la tierra.

El arca es una representación de Cristo y Su Iglesia. Pedro utilizó el arca como una ilustración de la salvación que se encuentra en Jesucristo (ver 1 Pedro 3). La construcción del arca demoró bastante y durante ese período Dios usó a Su profeta para que predicara con valentía a la gente de la tierra, y les advirtiera sobre la destrucción que se avecinaba. Lo mismo es cierto para la Iglesia de Cristo, aunque el tiempo de juicio aún no ha llegado. Hoy todavía hay tiempo para que los perdidos encuentren la salvación.

Tenga en cuenta que Noé y su familia se mantuvieron a salvo al entrar en el interior del arca. No había otra manera de sobrevivir al diluvio. De la misma manera, la humanidad solo puede encontrar refugio de la ira venidera de Dios dentro del cuerpo de Cristo. No hay otra forma de salvación disponible para la humanidad.

La estructura del arca soportó la ira que Dios derramó sobre la creación, mientras que los que se encontraban dentro permanecieron secos. La ira plena de Dios contra el pecado y la muerte se descargó sobre Cristo mientras estaba en la cruz, pero los que han sido redimidos por Cristo nunca sentirán ni una gota de la justa ira del Padre.

Noé, el arca y el diluvio son hechos históricos literales. El diluvio ocurrió, tal como se describe en Génesis. Noé fue un hombre real que construyó un arca real, y todas las personas en la tierra hoy descienden de él.

Hoy en día, hay muchos, incluso dentro del cuerpo de Cristo, que intentan afirmar que este pasaje es un mito o una fábula. Aseguran que el relato del diluvio es una historia alegórica que debemos leer metafóricamente en busca de «verdades más profundas», y no como un relato histórico de sucesos reales. Sin embargo, la Biblia en su conjunto no lo trata de esa manera. Jesús mismo habló del diluvio como un acontecimiento real y de Noé como una persona auténtica.

Sin dudas, hay símbolos en este pasaje que nos ayudan a comprender mejor el carácter de Dios y la obra de Cristo, pero no debemos olvidar que estas personas y sucesos fueron reales. Si la ciencia moderna afirma que nunca ocurrieron, debemos optar por poner nuestra fe en la Palabra de Dios, no en las enseñanzas de los hombres.

A Dios le agrada nuestra adoración. La Biblia se refiere con frecuencia a nuestras oraciones como un «aroma agradable» para Dios. De la misma manera que a los hombres les encanta el olor de sus golosinas favoritas cuando sus esposas las hornean, y a las mujeres les gusta el aroma de un ramo de flores que sus esposos llevan a casa, así Dios ama la dulce fragancia de la alabanza y la adoración que Su pueblo, redimido a un alto precio, ofrece libremente.

Noé nos dio el ejemplo. Recuerde que lo *primero* que hizo cuando salió del arca, incluso después de un año de angustiosas experiencias, fue construir un altar y adorar a Dios. Esta debería ser siempre la primera respuesta del pueblo de Dios, ya sea que estemos saliendo de un período de sufrimiento, recibiendo una gran bendición o llevando a cabo nuestras monótonas vidas diarias.

La adoración fue de extrema importancia en la vida de Noé, y debería ser lo mismo para el pueblo de Dios hoy en día.

Reflexione sobre el texto

5. *¿Cómo ha sido usted testigo de la misericordia de Dios en su propia vida? ¿Ha visto la justicia de Dios, sí o no?*

6. *¿De qué manera saber que Dios es misericordioso pero también justo lo ha llevado a adorarlo de manera más profunda?*

7. *Si usted hubiera estado a bordo del arca, ¿cómo se habría sentido al saber que sus amigos y familiares estaban afuera, enfrentando la muerte por ahogamiento? ¿De qué manera saber que el juicio de Dios se aproxima aumenta sus deseos de compartir el evangelio?*

8. *¿Cuándo ha visto que Dios lo ha protegido a usted o a sus seres queridos? ¿Qué papel desempeñó usted en esa protección? ¿Qué parte estuvo fuera de su control?*

Respuesta personal

9. *¿De qué maneras lo ha llamado Dios a creer en Su Palabra por fe, a pesar de las creencias del mundo que lo rodea?*

10. *¿Qué cosas en su vida podrían ser un «olor grato» para Dios? ¿Qué aspectos podrían representar un hedor desagradable? ¿Qué necesita hacer para que su vida tenga un olor más agradable?*

Notas:

8

El primer pacto

Génesis 9:1-17

Contexto

A lo largo de Génesis, Dios estableció numerosos pactos con los hombres. Algunos de estos pactos eran *condicionales*, lo que significaba que el pueblo de Dios debía cumplir con ciertas acciones para que el pacto se mantuviera válido. Otros eran *incondicionales*, ya que Dios cumpliría Su parte del acuerdo sin importar lo que hiciera Su pueblo. Sin embargo, todos los pactos compartían un elemento en común: revelaban algún aspecto de la naturaleza de Dios y evidenciaban la situación desesperada en la que se encontraba la humanidad.

Vimos esta desesperanza total en el primer «pacto» de Dios con la humanidad en Génesis 3:16-19, que fue más una maldición que un pacto. No había nada que Adán y Eva pudieran hacer para revertir la maldición, lo que evidencia la situación desesperada de la humanidad. Sin embargo, desde el principio, Dios prometió un Salvador que vendría a través de «la simiente de la mujer» para redimir a la humanidad. Esto también reveló, desde el comienzo, la naturaleza del amor y el plan lleno de gracia de Dios para la redención del hombre.

En este estudio, examinaremos el pacto que Dios hizo más tarde con Noé después del diluvio. Al hacerlo, descubriremos algunos aspectos importantes de la naturaleza pecaminosa de la humanidad y nos sentiremos alentados por vislumbres de la naturaleza perfecta de Dios.

Acercamiento

Un «pacto» es un compromiso o acuerdo entre dos partes. ¿Qué tipos de pactos establecemos hoy en día? ¿En qué se parecen o se diferencian esos pactos de los convenios o promesas de Dios a Su pueblo?

Puntos claves del texto

Lea Génesis 9:1-17 y observe las palabras y las frases claves que se indican a continuación.

Después del diluvio. Las aguas del diluvio han retrocedido, y Dios ha colocado a Noé y su familia de manera segura sobre tierra firme. Ahora Dios pronuncia una bendición sobre Noé.

9:1 *Bendijo Dios a Noé [...] Fructificad y multiplicaos, y llenad la tierra.* Dios bendijo a Noé y le dio nuevamente la comisión de llenar la tierra, así como antes había instruido a Adán y a Eva que la poblaran (ver Génesis 1:28).

9:2 *El temor y el miedo de vosotros.* La relación del hombre con los animales parece haber cambiado, ya que ahora el hombre tiene libertad para comer animales como sustento.

9:4 *Pero carne con su vida, que es su sangre, no comeréis.* No se debía consumir sangre cruda como alimento, ya que representaba la vida, y derramarla simbolizaba la muerte. La sangre de los animales, que representaba su vida, no debía ingerirse. De hecho, esa era la sangre que Dios diseñó para ser un medio de expiación por el pecado (ver Levítico 17:11).

9:5 *de mano de todo animal [...] de mano del hombre.* Dios estableció la pena de muerte para todo animal u hombre que tomara la vida humana de manera ilegal.

9:6 *porque a imagen de Dios.* La razón por la que el hombre podía matar animales, pero ni los animales ni el hombre podían matar al hombre, era porque solo el hombre fue creado a imagen de Dios.

El pacto. Después de bendecir a Noé, Dios se compromete a hacer un pacto eterno con la humanidad y toda la tierra.

9:9 *yo establezco mi pacto con vosotros.* Este es el primer pacto entre Dios y la humanidad y se conoce como el *pacto noético* (ver también Génesis 6:18). Fue un pacto incondicional que Dios estableció por iniciativa propia y se basó únicamente en Su propia naturaleza, sin que las acciones del hombre influyeran en él.

9:10 *con todo ser viviente.* La preocupación amorosa de Dios se extiende a toda la creación, aunque la humanidad es especial ante Sus ojos.

9:11 *ni habrá más diluvio.* Dios prometió que nunca más habrá un diluvio que cubra todo el planeta. Los profetas de catástrofes futuras, como el calentamiento global, afirman con frecuencia que puede haber una gran inundación (debido al derretimiento de los casquetes polares y otros factores) si la humanidad no hace algo pronto, pero Dios ha prometido lo contrario. Es importante señalar, sin embargo, que el Señor *no* prometió que la tierra existiría para siempre.

9:12 ***la señal del pacto.*** El arco iris es el recordatorio simbólico perpetuo de esta promesa del pacto, así como la circuncisión de todos los varones lo sería para el pacto abrahámico (ver Génesis 17:10-11).

siglos perpetuos. Este pacto entre Dios y el hombre durará para siempre, incluso más allá de la existencia misma de la tierra.

9:14 ***cuando haga venir nubes sobre la tierra.*** Esto en esencia significa en todo momento del día, ya que siempre hay nubes en alguna parte de la superficie de la tierra. Dios estaba afirmando que nunca olvidaría, ni por un instante, el pacto que había establecido.

9:15 ***me acordaré.*** No se trata de un simple reconocimiento, sino del compromiso de Dios de cumplir la promesa.

9:16 ***pacto perpetuo.*** El pacto de Dios con Noé fue el primero de cinco pactos originados por Su voluntad en la Escritura que se describen de forma clara como «eternos». El término «eterno» puede referirse tanto al final del tiempo como a la eternidad futura; nunca se refiere a la eternidad pasada. De los seis pactos de este tipo que se mencionan de manera directa en la Escritura, solo el pacto mosaico o antiguo fue anulado.

Analice el texto

1. *¿Qué demuestra este pasaje en Génesis 9:1-17 sobre las intenciones de Dios para la humanidad?*

2. *¿Qué demuestra este pasaje sobre el carácter de Dios?*

3. *¿Por qué piensa que Dios escogió el arcoíris como símbolo de Su pacto? ¿Por qué no el sol brillante o las nubes de lluvia?*

4. *¿Por qué Dios eligió hacer un pacto incondicional con Noé? ¿Qué queda implícito en Su promesa hacia la tierra? ¿Qué no queda implícito?*

Explore el significado

Aparte de Jesucristo, todas las personas que han vivido son esclavas del pecado. Dios no tolera ningún pecado, sin importar cuán pequeño o insignificante parezca. Considere el pecado de Adán: ¡lo único que hizo fue comer un trozo de fruta! Sin embargo, este acto de rebelión deliberada fue tan monumental, tan atroz y horrible, que Dios maldijo Su creación y expulsó a la humanidad de Su presencia.

Cada descendiente de Adán nació pecador. No hay excepciones a esta regla. (Esto, por cierto, es la razón por la cual Jesús tuvo que nacer de una virgen, ya que ningún ser humano podría haber sido su padre; solo Dios puede dar a luz a un ser humano sin pecado). Cuando Adán pecó, no había esperanza de que ningún ser humano pudiera volver a entrar en la presencia de Dios. ¡Sin embargo, Dios encontró una manera!

Dios siempre ofrece Su gracia. Aunque odia el pecado, ama salvar a los pecadores. Este amor se hizo evidente después de que Adán le desobedeciera, cuando Dios se presentó ante los pecadores en el huerto del Edén. Este cambio de roles es notable: Dios había hecho desfilar a los animales ante Adán, quien era su cuidador. Sin embargo, ahora era Dios, el Creador y Sustentador del universo, quien se humillaba al presentarse ante un hombre pecador.

De igual manera, en la historia de Noé y el diluvio, vemos que, a pesar de que Dios decidió destruir la maldad en la tierra, hizo provisiones para salvar a quienes se arrepintieran de sus pecados. Como hemos mencionado, Dios esperó unos 100 años desde que Noé comenzó a construir el arca hasta que cayeron las primeras lluvias. La gente podría haber escuchado a Noé y haberse salvado de la devastación que se avecinaba, pero nadie aceptó el regalo gratuito de misericordia que Dios les ofrecía.

Dios ofrecerá Su misericordia mientras la tierra exista. Este principio tiene dos aspectos. Por un lado, Dios ha jurado que no volverá a destruir Su creación con un diluvio. Así, está conteniendo Su juicio sobre la tierra y ofreciendo Su gracia y misericordia de manera gratuita a toda persona que confiese sus pecados y crea de corazón en el Señor Jesucristo.

Por otro lado, el juicio de Dios *llegará*. Él ha prometido que un día destruirá este mundo. Su gracia y misericordia están disponibles para todos, pero los pecadores pueden rechazar esa gracia de forma continua. Aquellos que mueren sin arrepentirse de sus pecados y volverse a Dios se encontrarán sin ninguna esperanza de gracia o salvación.

Por esta razón, Pablo nos advirtió: «He aquí ahora el tiempo aceptable; he aquí ahora el día de salvación» (2 Corintios 6:2).

Reflexione sobre el texto

5. *Después del diluvio, Dios le dijo a Noé que los animales tendrían temor de los humanos. ¿En qué se diferencia esto de la situación en el huerto del Edén?*

6. *¿Qué requisitos estableció Dios con Noé en cuanto al consumo de la carne de los animales? ¿Por qué impuso estas restricciones?*

7. *¿Cuál es la aplicación del pacto de Dios con Noé en el contexto actual? ¿Qué significados tiene en relación con nuestro entorno (Génesis 8:21-22)?*

8. *¿Qué hizo el Señor para reconciliarse con la humanidad después del diluvio? ¿Qué nos enseña esto sobre el deseo de Dios de reconciliarse con todas las personas?*

Respuesta personal

9. *¿Cuál es su opinión sobre el pecado? ¿Está usted tan disgustado por él como lo está Dios? Sí, no, ¿por qué?*

10. *¿Hay áreas en su vida donde es más tolerante con el pecado? Si es así, ¿qué puede hacer para entregarle esas áreas a Dios?*

Notas:

Notas:

9

Los hijos de Noé

Génesis 9:18-29

Contexto

Hemos examinado la vida de Noé en varios estudios, pero debemos recordar que él no estaba solo en el arca: lo acompañaban su esposa, sus tres hijos y las esposas de sus hijos (y, por supuesto, también muchos animales).

En este estudio, retomamos la historia después del diluvio, cuando Noé y su familia comienzan a asentarse en el «nuevo mundo». Ellos son los únicos seres humanos vivos en todo el planeta, lo que debió haber sido una fuente importante de estrés para ellos. Habían subido al arca cerca de un año antes, y ahora todos sus vecinos, amigos y familiares extendidos, quienes se habían reunido en la puerta riendo con burla, estaban muertos. Cualquier sentido de reivindicación se desvaneció con rapidez al darse cuenta de que no había nadie más vivo con quien hablar en la tierra.

Como veremos en este pasaje, la única carga que no dejaron fue su naturaleza pecaminosa.

Acercamiento

En la historia de Noé después del diluvio, leemos cómo su hijo menor, Cam, se burló de su padre. ¿De qué maneras juegan un papel importante el chisme y avergonzar a otros en nuestra sociedad?

Puntos claves del texto

Lea Génesis 9:18-27 y observe las palabras y las frases claves que se indican a continuación.

Mis tres hijos: Noé tuvo tres hijos llamados Sem, Cam y Jafet, quienes fueron los padres de los tres «grupos étnicos» principales que se encuentran en el mundo hoy en día.

9:18 Cam es el padre de Canaán. Los cananeos serían uno de los mayores enemigos de Israel en los años posteriores. La razón de este comentario se hará evidente muy pronto.

9:19 de ellos fue llena toda la tierra. La antropología moderna ha determinado que todas las razas en la tierra derivan de tres «grupos étnicos». Siempre es agradable cuando la ciencia moderna confirma lo que dice la Biblia, pero no necesitamos la aprobación del mundo para creer en ella. La Palabra de Dios nos dice que todas las personas descienden de los hijos de Noé, y por lo tanto sabemos que es verdad.

9:20 Después comenzó Noé a labrar la tierra. Es interesante que los dos agricultores mencionados en Génesis sean Caín y Noé. La viña de Noé le traerá problemas, al igual que los frutos de Caín.

plantó una viña. Esto parece un tipo de agricultura bastante superficial en comparación con plantar fuentes de alimento esenciales, como verduras o granos. Por supuesto, no se nos dice dónde se asentó Noé; quizás el terreno no fuera adecuado para nada más.

El error de Noé. Este es el único fracaso que se documenta en la vida de Noé, un gran hombre que caminó con Dios. Sin embargo, incluso este único pecado tiene consecuencias dramáticas.

9:21 bebió del vino, y se embriagó. El error de Noé en la obediencia nos recuerda que incluso los hombres más fieles de Dios son pecadores y que siempre estamos en peligro de caer en problemas. A veces, las mayores tentaciones surgen después de victorias significativas, como sucede con Noé en este caso.

estaba descubierto en medio de su tienda. Noé se embriagó hasta perder el sentido y se quedó dormido en su tienda. Es posible que se hubiera quitado la ropa por el calor o que, a causa de su embriaguez, hubiera quedado expuesto.

El pecado de Cam. El hijo menor de Noé, Cam, se alegra de ver a su padre actuar «como un ser humano normal» y se regodea por el estado de su padre.

9:22 *Cam, padre de Canaán.* Moisés repitió esta frase varias veces, lo que demuestra que era importante para su audiencia recordar que los cananeos descendían de Cam. Es posible que Moisés escribiera este libro a lo largo de los cuarenta años de vagar por el desierto, preparando al pueblo de Israel para el día en que entraran a la tierra prometida y se enfrentaran a una multitud de cananeos paganos.

vio la desnudez de su padre. Este pasaje puede parecer extraño para los occidentales modernos, y algunos han tratado de interpretar todo tipo de comportamientos bizarros por parte de Cam. Sin embargo, tales interpretaciones no están justificadas; el texto es bastante claro: Cam entró en la tienda de su padre y se quedó mirando a su padre ebrio. Quizás se quedó allí burlándose. Tal vez le dio gusto ver al gran hombre cometer, por fin, algún acto de pecado y locura. No lo sabemos porque no se nos dice, pero sí sabemos que Cam falló en hacer lo único que debía haber hecho: cubrir a su padre y marcharse.

y lo dijo a sus dos hermanos que estaban afuera. Cam, sin dudas, salió corriendo de la tienda, ansioso por contarles a los demás lo que había visto. El texto parece sugerir que esperaba que sus hermanos volvieran a la tienda con él y se unieran a él en burlarse de su padre. El pecado de Cam no fue *ver* a su padre en este estado vergonzoso; esa parte fue culpa de Noé por embriagarse. El pecado fue que Cam no honró a su padre cubriéndolo y manteniendo silencio. En cambio, salió en busca de otros para que se unieran a él en su burla.

La fidelidad de los hermanos de Cam. Sem y Jafet, a diferencia de su hermano menor, Cam, son honorables y se esfuerzan por cubrir la vergüenza de su padre.

9:23 *Entonces Sem y Jafet tomaron la ropa.* Los hermanos de Cam demostraron la respuesta adecuada a la situación: cubrieron la vergüenza de su padre. Recuerde que esta fue la respuesta de Dios a la desnudez y vergüenza de Adán y Eva: Él les hizo vestiduras de pieles de animales (ver Génesis 3:21).

andando hacia atrás. Sem y Jafet demostraron una genuina integridad con esta acción. Les habría sido fácil excusarse con una simple mirada a la condición de embriaguez de su padre, al igual que es fácil regodearse mientras tratamos de ayudar a otros. Sin embargo, estos dos hijos tomaron grandes precauciones para evitar incluso mirar la desnudez de Noé. «El que cubre la falta busca amistad; mas el que la divulga, aparta al amigo» (Proverbios 17:9).

cubrieron la desnudez de su padre. Este es el principio básico que ilustra este suceso: estamos llamados a ayudar a otros a cubrir su vergüenza. Es fácil chismear sobre una persona que ha caído en pecado o dificultad, y eso incluso puede hacernos sentir mejor con nosotros mismos. Sin embargo, Dios quiere que Su pueblo cubra la vergüenza de los demás, no que la exponga. «Hermanos, si alguno fuere sorprendido en alguna falta, vosotros que sois espirituales, restauradle con espíritu de mansedumbre, considerándote a ti mismo, no sea que tú también seas tentado» (Gálatas 6:1).

Las bendiciones y la maldición de Noé. Noé pronuncia dos grandes bendiciones y una gran maldición sobre sus hijos. Los resultados de estos pronunciamientos aún pueden verse hoy en día.

9:24 supo lo que le había hecho su hijo más joven. Debemos recordar que cuando un cristiano cae en vergüenza y deshonra, esa vergüenza no durará para siempre, pues la sangre de Cristo ya ha cubierto la transgresión. Esto debe animarnos cuando caemos en problemas y servirnos de recordatorio y reflexión cuando somos tentados a chismear. «Y ante todo, tened entre vosotros ferviente amor; porque el amor cubrirá multitud de pecados» (1 Pedro 4:8).

9:25 Maldito sea Canaán. A primera vista, esto parece una respuesta severa a una ofensa de poca importancia. Después de todo, Noé estaba maldiciendo no solo a Cam, sino también a sus descendientes. Sin embargo, esto subraya la gravedad del pecado de Cam y nos recuerda el trágico hecho de que el pecado de un hombre afecta a otros. No olvide que el pecado de Adán fue mucho menor según los estándares modernos, pero su maldición ha pasado a todos sus descendientes, es decir, a todo ser humano que haya vivido (con la excepción de Cristo, quien, mediante el nacimiento virginal, no fue hijo de Adán).

Siervo de siervos. Esto no significa que todos los descendientes de Cam se convertirían en esclavos (ya que la maldición solo se refiere a los descendientes de Canaán), pero sí significa que los descendientes de Sem, los israelitas, estaban destinados a conquistar a los cananeos. Este fue un recordatorio necesario para el pueblo de Israel mientras se preparaba para entrar en la tierra prometida.

9:26 Bendito por Jehová mi Dios sea Sem. Es curioso que Noé bendijo directamente a Jafet, pero no a Sem; en lugar de eso, bendijo al Dios de Sem. Esto nos da la primera señal de que la descendencia de Sem sería la elegida para traer al Mesías, ya que a través de sus descendientes Dios mostraría Su plan de salvación para toda la humanidad. El pueblo de Israel fue escogido no por su *propia* bendición, sino para que a través de ellos Dios mostrara su carácter al mundo. De la misma manera, como cristianos, somos llamados no por nuestras bendiciones personales, sino para mostrar la bendición de Dios y hacer evidente que el Creador sigue obrando en la redención de la humanidad.

9:27 Engrandezca Dios a Jafet. Noé estaba deseando que los descendientes de Jafet crecieran y poblaran la tierra. Esta bendición se ha hecho realidad, ya que la mayoría de las personas en el mundo actual son descendientes de Jafet.

Y habite en las tiendas de Sem. A pesar de la gran población de los descendientes de Jafet, la mayor bendición se encontrará en los descendientes de Sem. Esto es innegable, ya que Jesús mismo vino a través de la línea de Sem.

Analice el texto

1. *Imagine cómo debe haber sido la vida de Noé y su familia al salir del arca por primera vez. ¿Cómo habría respondido usted si hubiera estado allí?*

2. *¿Cómo respondió Cam a la indiscreción de su padre? ¿En qué se diferenció la respuesta de Sem y Jafet de la de Cam? ¿Cuál fue su motivación?*

3. *¿Cómo podría haber respondido Cam de una manera más apropiada?*

4. *¿Por qué era importante que los hijos cubrieran la vergüenza de su padre?*

Explore el significado

El pueblo de Dios está llamado a cubrir el pecado, no a regodearse o disfrutar de él. El propósito principal de esta historia en Génesis es presentar a los cananeos como un pueblo que, desde el principio, estaba bajo una maldición divina. Eran un pueblo marcado por la corrupción pecaminosa, no muy diferente de su antepasado Cam en esta historia, y un día los israelitas los conquistarían. Sin embargo, tal vez haya un principio más amplio para la vida cristiana que se puede derivar de este impactante relato, basado en las acciones honorables de Sem y Jafet.

Cam encontró a su padre en estado de embriaguez y se regocijó por ello. En el acto salió y animó a sus hermanos a unirse a él en burlarse de su padre. Sin embargo, lo que debió hacer fue cubrir el pecado de su padre y tratarlo con respeto y amabilidad. De la misma manera, cuando un cristiano es sorprendido en pecado, es nuestro deber, como hermanos y hermanas en Cristo, ayudar a restaurar a esa persona, en lugar de regodearnos o chismear sobre su fracaso. Al brindar apoyo a alguien que ha caído, ayudamos a cubrir su vergüenza.

En términos prácticos, esto significa que debemos desafiar amorosamente a nuestros hermanos y hermanas en Cristo que están cayendo en comportamientos pecaminosos y animarlos a seguir caminando con Dios. Sin embargo, esto debe hacerse de manera discreta y con mucha oración. También debe seguir los pasos para la confrontación y la restauración que Jesús estableció en Mateo 18:15-18.

Los hijos deben honrar a sus padres. Sin importar cómo se interprete el pecado de Cam, una cosa es segura: no mostró honor ni respeto hacia su padre, Noé. El mal ejemplo de Cam se diferenciaba de forma clara de lo que Dios esperaba de los israelitas, quienes habrían aprendido a través de Moisés sobre la indiscreción de Cam. Honrar la estructura de autoridad de Dios dentro de la familia es tan importante que Dios la incluyó en los Diez Mandamientos, como lo expresa de manera directa el quinto mandamiento: «Honra a tu padre y a tu madre, para que tus días se alarguen en la tierra que Jehová tu Dios te da» (Éxodo 20:12). La irreverencia y la falta de respeto que caracterizaban a Cam (y, por implicación, a sus descendientes a través de Canaán) eran todo lo contrario a lo que Dios desea de Su pueblo.

Nuestros pecados pueden tener consecuencias que afecten a otras personas. Nuestra obediencia a Dios puede traer una bendición a largo plazo para los demás, como sucedió cuando Noé fue obediente al construir el arca. Sin embargo, nuestra desobediencia también puede traer consecuencias duraderas de dolor para otros, como demostró la indiscreción de Cam. Debido a sus acciones pecaminosas, él trajo una maldición sobre toda una raza de hombres: los cananeos.

Por supuesto, esto no quiere decir que los cananeos no fueran culpables de sus propias acciones. Su sensualidad y maldad reflejaban la de su ancestro, Cam. Debido a su iniquidad, merecían el juicio de Dios (que Él trajo a través de los israelitas conquistadores). De manera similar, el pecado de Adán trajo una maldición sobre toda la raza humana, sin embargo, cada pecador es culpable de su propio pecado ante Dios. La buena noticia es que cada pecador puede ser perdonado de su pecado y reconciliado con Dios a través de Jesucristo.

Reflexione sobre el texto

5. *El pecado de Noé llevó a su hijo al pecado, lo que afectó a toda una raza de personas. ¿Qué principio ilustra esto sobre el pecado? ¿Cuándo ha visto evidencia de este principio en su propia vida?*

6. *En términos prácticos, ¿qué significa «cubrir» la vergüenza de otra persona?*

7. *¿Alguna vez alguien ha cubierto su vergüenza? ¿Cuándo alguien la ha expuesto?*

8. *¿Cómo resalta el mal ejemplo de Cam la importancia del quinto mandamiento? ¿Por qué cree que Dios toma tan en serio la estructura de autoridad dentro de la familia?*

Respuesta personal

9. *¿Cómo suele responder usted al enterarse del pecado de otro cristiano? ¿Es más como Cam o más como Sem y Jafet?*

10. *Los niños de hoy con frecuencia no honran a sus padres. ¿Cuáles han sido los efectos negativos de esto en la sociedad en cuanto al deterioro de la familia?*

Notas:

Notas:

Herencia y familia

Génesis 10:1-32

Contexto

Una vez más, nos encontramos en el arca. Noé y su familia son, como hemos notado, los únicos humanos vivos en la tierra, y depende completamente de ellos restablecer la raza humana. Dios les ha dado la misma orden que le dio a Adán al principio en el huerto del Edén: sean fructíferos y multiplíquense; llenen la tierra y sométanla.

Como vimos en el estudio anterior, la ciencia moderna ha confirmado que todas las naciones y razas de hoy tienen su origen en tres «grupos de personas» distintos: los descendientes de los hijos de Noé. Los antropólogos y lingüistas incluso han supuesto que hubo un ancestro común original. Incluso los evolucionistas reconocen que las naciones y grandes grupos de personas aparecieron en un período corto de tiempo, en lugar de los miles de millones de años que utilizan como respaldo para todas sus otras afirmaciones ridículas.

En este estudio, examinaremos lo que la Escritura dice sobre los inicios de la raza humana moderna: de dónde provienen las diversas razas y naciones, cómo se pobló la tierra por primera vez y qué significa esto para nosotros hoy. El relato en Génesis 11 sobre la Torre de Babel (que examinaremos en el siguiente estudio) es, en realidad, un detalle ampliado del asunto más amplio contenido en este capítulo: la dispersión de la humanidad.

Acercamiento

¿De qué país o región proviene su familia? ¿Qué costumbres y tradiciones celebra su familia?

Tabla de las naciones

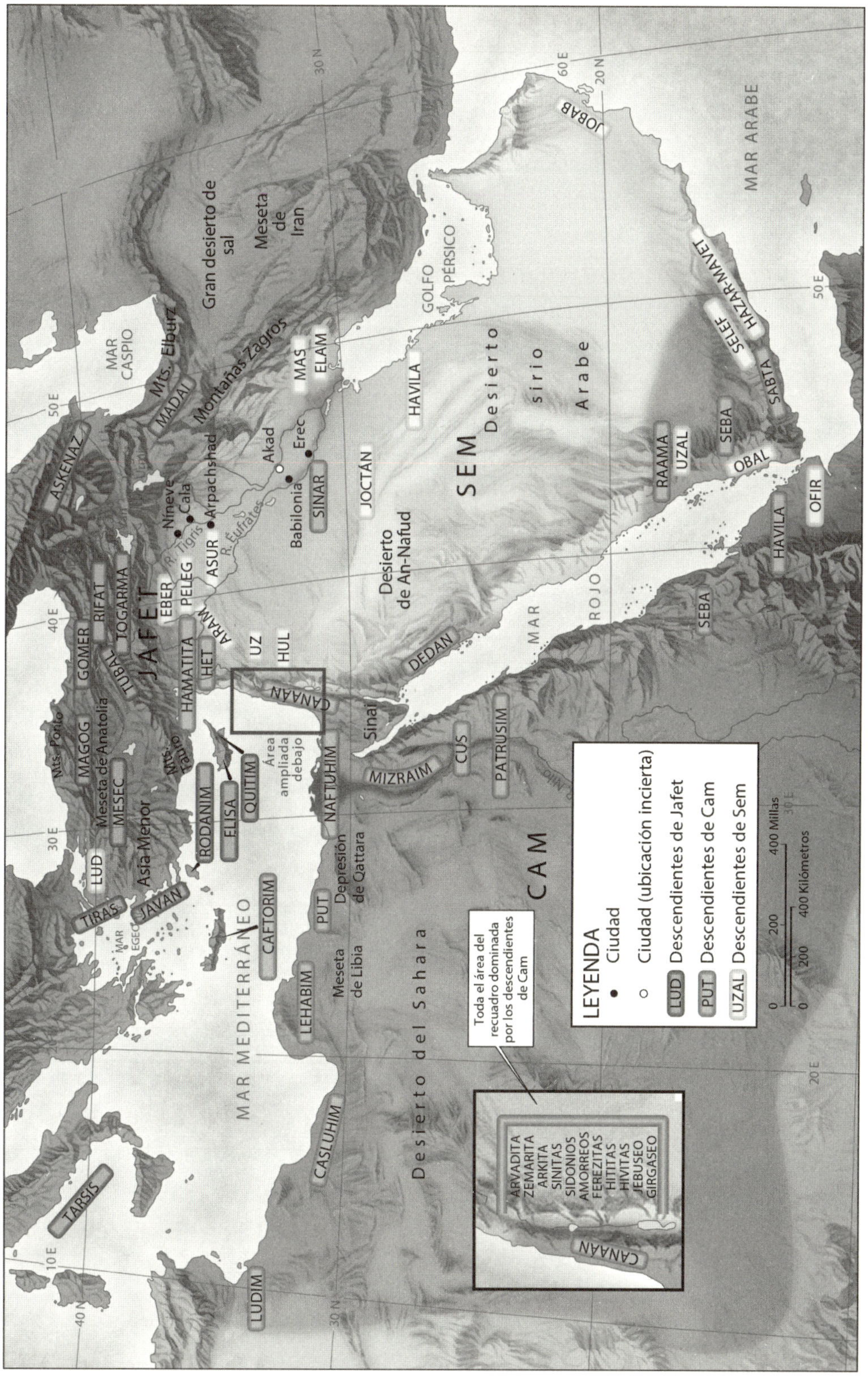

Puntos claves del texto

Lea Génesis 10:1-32 y observe las palabras y las frases claves que se indican a continuación.

Los descendientes de Jafet. Los descendientes de Jafet se dirigieron hacia el norte y el oeste. (Consulte el mapa en la Introducción para ver la dispersión completa de las naciones).

10:2 Jafet. Los griegos se llamaban a sí mismos jápetos, que podría derivar del nombre Jafet. Sus descendientes se establecieron al norte y al oeste de Oriente Medio, en lo que hoy llamaríamos Asia y Europa.

Gomer. Existen teorías de que los descendientes de Gomer se trasladaron hacia el oeste en lo que ahora llamamos Europa. Muchos grupos de personas todavía llevan una forma de su nombre: los galos (franceses) y los cymry (galeses) son quizás derivaciones del nombre Gomer.

Magog. Quizás el padre de los pueblos escitas. Gog y Magog se utilizan en la Escritura para representar el poder del mundo y, por lo tanto, el enemigo del pueblo de Dios (ver Ezequiel 38:2; Apocalipsis 20:8).

Madai. Padre del pueblo conocido como los medos, que son prominentes en el libro de Daniel.

Javán. Padre de los griegos. En Daniel 8:21, el nombre Javán se traduce como «Grecia» en traducciones modernas. Los griegos también eran conocidos como jónicos, un nombre que se origina directamente de Javán.

Mesec. Es posible que el pueblo de Rusia, en específico los moscovitas, relacionados con Moscú, desciendan de Mesec.

Tiras. Posible padre de los tracios.

10:3 Togarma. Posible padre de los turcos.

10:4 Tarsis. La ciudad de Tarso se llamaba así en honor a Tarsis y se le recuerda como el lugar de nacimiento de Pablo.

Los descendientes de Cam. Los descendientes de Cam se dirigieron hacia el sur y se establecieron en Egipto y África.

10:6 Cus. Posible padre de Arabia, aunque Cus también es el nombre antiguo de Etiopía.

Mizraim. Padre de Egipto.

Fut. Padre de Libia.

Canaán. Padre de los cananeos. Los cananeos son en extremo importantes en la historia temprana de los israelitas; eran el pueblo que ocupaba la tierra prometida cuando Josué condujo a los israelitas. Noé había pronunciado una maldición sobre ellos en Génesis 9:25, y estaban destinados a convertirse en el mayor enemigo de Israel durante la ocupación de la tierra prometida.

10:8 Nimrod. Este nombre en hebreo significa «rebelde». Fue un líder poderoso, un verdadero «hombre de hombres». Probablemente fue quien organizó la construcción de Babel y su torre. Es una representación del orgullo del hombre, un hombre que se glorifica en su propia fuerza y capacidades, ve lo que quiere y lo toma, y siente que no tiene necesidad de Dios. Los reinos que Nimrod fundó incluyen varios que resultaron ser enemigos mortales del pueblo de Dios.

10:10 Babel. Examinaremos la ciudad de Babel y su infame torre en el próximo estudio. Babel es quizás la ciudad original de Babilonia, que ocupa un lugar destacado en la Escritura como el arquetipo de la necedad orgullosa del hombre (ver también Apocalipsis 17–18).

Erec. Podría ser la actual Irak, donde aún existe la antigua ciudad de Babilonia. Irak no ha sido amigo de Israel en tiempos modernos.

Acad. El idioma común que se hablaba en Mesopotamia era el acadio.

tierra de Sinar. Probablemente Mesopotamia. Parece que los cuatro reinos de Babel, Erec, Acad y Calne estaban unidos bajo un líder fuerte. Si es así, esta es la primera aparición de las «Naciones Unidas» en la tierra, y Nimrod figura como un precursor del anticristo.

10:11 Asiria. Este fue el principal enemigo de Israel desde el oriente. Esta poderosa nación atormentó a Israel durante muchas generaciones.

Nínive. Esta es la ciudad a la que Jonás, de mala gana, viajaría un día.

10:14 filisteos. Estas personas atormentarían a Israel durante cientos de años hasta que el rey David los derrotó.

10:16-18 al jebuseo [...] al hamateo. Aquí Moisés deja de nombrar a personas específicas y las ciudades que fundaron y pasa a enumerar naciones. Muchas de estas, como los jebuseos y los amorreos, se convertirían en enemigos de Israel a medida que los judíos se trasladaran a la tierra prometida.

10:19 Y fue el territorio de los cananeos desde Sidón [...] hasta Lasa. Este territorio incluye la mayor parte de la tierra prometida. Aún hoy existe una región conocida como la Franja de Gaza, tristemente famosa por ser el sitio de continuas luchas sangrientas contra los judíos. Sodoma y Gomorra llegarían a ser prominentes en la vida de Abraham, y de Sodoma proviene la palabra «sodomía» en español.

Los descendientes de Sem. Los descendientes de Sem se establecieron en lo que ahora llamamos el Oriente Medio. Sem es el ancestro de Abraham, así como de Jesús.

10:21* *Sem. Es el padre de todas las razas que llevan su nombre, conocidas como el pueblo semítico. Esto incluye a Israel, así como a muchos otros.

hermano mayor de Jafet. El orden de nacimiento real de los tres hijos de Noé es objeto de controversia, y diferentes traducciones de la Biblia interpretan este versículo de diversas maneras. Como se explicó con anterioridad, Sem es el hijo a través del cual Jesús vendría al mundo, el mayor honor y «derecho de nacimiento» que se le podría otorgar a una persona. El derecho de nacimiento generalmente se otorgaba al primogénito, lo que argumenta que Sem fue el mayor. Sin embargo, en Génesis, casi todos los derechos de nacimiento en la línea del Mesías se otorgaron a alguien que no era el mayor, lo que sugiere que Sem podría haber sido el hijo del medio.

Heber. Heber es un ancestro de Abraham. Su nombre dio origen a la palabra «hebreo», que se usó por primera vez para describir a Abraham.

10:30* *Mesa. El nombre antiguo para Meca. Los árabes de hoy también descienden de Sem. Los enemigos de Israel provienen tanto de Sem como de sus hermanos.

Analice el texto

1. *¿De cuál de los hijos de Noé desciende usted? ¿Hasta dónde puede rastrear la historia de su familia?*

2. *¿Qué nos dicen los nombres de Génesis 10 sobre cómo se dispersó la humanidad después del diluvio?*

3. *¿De qué manera este capítulo anticipa eventos futuros en la Biblia? ¿Los que aún ocurren hoy? ¿Los que están por venir?*

4. *¿Cuántas de las naciones y pueblos mencionados en este pasaje se convirtieron en enemigos de Israel? ¿Qué principio sugiere esto respecto al pueblo de Dios en el mundo actual?*

Explore el significado

Por la línea de Sem vendría el Salvador prometido, quien traería salvación a todo el mundo. Vale la pena señalar que esta genealogía enumera muchas naciones que se volverían contra Israel en las generaciones venideras. La lección aquí es que solo hay un pueblo escogido, que desciende de Sem, Abraham y David, y culmina en la persona de Jesucristo. Sin embargo, los enemigos del pueblo de Dios descienden de los tres hijos de Noé.

En Cristo, el pueblo de Dios ya no está compuesto solo por judíos étnicos. La Iglesia está formada por personas de todas las naciones y lenguas (incluidas aquellas naciones que fueron históricamente enemigos de Israel), porque el evangelio trasciende culturas y fronteras. Sin embargo, al igual que los santos del Antiguo Testamento, aquellos que pertenecen a Jesucristo pueden esperar persecución del mundo incrédulo.

La humanidad no evolucionó; todos descendemos de Noé. Una vez más, encontramos que Génesis rechaza las nociones modernas de la evolución, que, en realidad, no son modernas en absoluto, sino antiguas. La evolución enseña que la humanidad surgió de los órdenes inferiores de la creación y que de forma gradual desarrolló las habilidades necesarias para prosperar en comunidades civilizadas. Sin embargo, incluso los evolucionistas se ven obligados a confesar la verdad de lo que leemos en Génesis 10: que esas comunidades civilizadas aparecieron en la tierra de manera repentina y todas comenzaron en el área que llamamos Oriente Medio.

La Biblia respondió a esta pregunta hace miles de años cuando Moisés escribió su historia de la raza humana. Se centró de forma intencionada en la línea de Sem porque enseñaba a los israelitas sobre su historia familiar personal. El Espíritu Santo guio a Moisés para escribir estas cosas, porque Él sabía lo que Moisés no sabía: que el Mesías llegaría a la tierra a través de esa línea genealógica en el futuro.

Si nos negamos a creer que los relatos de Moisés son verdaderos y precisos en el libro de Génesis, ponemos en peligro nuestra fe en la persona y la obra de Jesucristo.

Dios siempre está obrando para cumplir Sus promesas. Cuando Dios hace una promesa, es seguro y totalmente cierto que la cumplirá. Sin embargo, esto puede llevar mucho tiempo, al menos desde la perspectiva del hombre.

Dios prometió a Adán y Eva en el huerto del Edén que enviaría un Salvador para liberar a la humanidad de la maldición del pecado y la muerte. Desde ese momento, comenzó a desarrollar Su plan para la salvación del hombre. Incluso cuando se vio obligado por la pecaminosidad del hombre a destruir la tierra, preservó un remanente a través del cual cumpliría Su palabra.

En este capítulo de Génesis, vemos otro paso en ese cumplimiento, mientras Dios separa con toda intencionalidad a Su pueblo escogido del resto del mundo. Ha tomado mucho tiempo en términos humanos llegar a este punto, quizás alrededor de 1800 años, y aún tomará más tiempo antes de que Jesús mismo aparezca para cumplir la promesa. Sin embargo, Dios ha estado trabajando de manera constante todo el tiempo.

Reflexione sobre el texto

5. *¿Qué le han enseñado acerca de la historia de la raza humana?*

6. *¿De qué manera difiere Génesis 10 de lo que afirma el mundo? ¿En qué cree usted? ¿Por qué?*

7. *Si Sem no fue el primogénito entonces no tenía derecho natural a esperar tal bendición. ¿Qué demuestra esto sobre los hombres y mujeres que Dios utiliza?*

8. *¿Por qué Dios eligió a Sem como antepasado de Cristo? ¿Por qué no a Jafet o a Cam?*

Respuesta personal

9. *¿Qué promesas siente que Dios se ha «demorado» en cumplir? ¿De qué maneras lo ha sorprendido ver Su mano obrar en su vida?*

10. *¿Qué beneficios ha encontrado al ser miembro de la familia de Dios? Si aún no es miembro, ¿qué le impide dar ese paso?*

Notas:

Notas:

11

La torre de Babel

Génesis 11:1-8

Contexto

Los años han pasado, y Noé y su familia se han establecido en su hogar en la «nueva tierra» después del diluvio. Comienzan a repoblar el planeta tal como Dios les ha instruido. Con el tiempo, los descendientes de Noé empiezan a construir pueblos, aldeas y ciudades.

En este momento de la historia, toda la humanidad habla un solo idioma, probablemente el que Adán usaba para hablar con Dios en el huerto del Edén. Tener un lenguaje común hizo posible que la humanidad se uniera para llevar a cabo grandes proyectos. En este capítulo de Génesis, veremos cómo utilizarían ese don para construir una gran ciudad que les traería gloria a ellos mismos.

Dios mira a la tierra y ve que la humanidad no ha cambiado desde el diluvio. El hombre está decidido a convertirse en un dios para sí mismo, excluyendo la soberanía de su Creador. Sin embargo, esta vez, el Señor no envía un gran diluvio para destruir a la humanidad de la faz de la tierra. En su lugar, confunde el lenguaje de los hombres, dificultando que la humanidad se una en un esfuerzo por llegar a ser «como Dios». Esta confusión de lenguas también llevará a la dispersión de la humanidad por todo el planeta, que es lo que Dios había ordenado al hombre que hiciera.

Acercamiento

¿Cómo ha afectado la ciencia moderna o la tecnología su vida de manera positiva? ¿Y de manera negativa?

Puntos claves del texto

Lea Génesis 11:1-8 y observe las palabras y las frases claves que se indican a continuación.

> ***Una sola lengua.*** Toda la raza humana comparte un solo idioma, lo que permite a los hombres unirse para llevar a cabo grandes proyectos.

11:1 toda la tierra. Es muy probable que esta sea el área que ahora denominamos Oriente Medio. En este punto, los descendientes de Noé, que constituyen toda la raza humana, no se han dispersado por todo el planeta. Dios había ordenado a Noé: «Fructificad y multiplicaos, y llenad la tierra» (Génesis 9:1), pero sus descendientes habían ignorado esta instrucción. Llenar la tierra habría requerido que los hombres se separaran y se aventuraran por su cuenta, algo que traería riesgos. Era mucho más fácil unirse y construir ciudades, lo que permitía a los hombres confiar en sí mismos y en los demás en lugar de dar un paso de fe en Dios.

una sola lengua y unas mismas palabras. Esta frase enfatiza, con su repetición, que todos los seres humanos hablaban el mismo idioma y tenían el mismo vocabulario; usaban las mismas palabras y frases. Los estadounidenses modernos, por ejemplo, hablan el mismo idioma que los británicos contemporáneos, pero las dos culturas difieren en vocabulario y expresiones. Diferencias similares existen incluso dentro de las culturas; se pueden encontrar dialectos distintos al viajar por un mismo país. Sin embargo, evidentemente, tales diferencias no existían en los primeros tiempos de la humanidad. Esta unidad de lenguaje facilitaba la comunicación y permitía a la humanidad unirse y trabajar en conjunto de manera cooperativa. Además, es importante recordar que el ser humano era el único que tenía el don del habla, un regalo que Dios le había otorgado solo a Adán para que pudiera comunicarse con Él y con otros. En este capítulo de Génesis, descubrimos que la humanidad siempre ha corrompido los regalos de Dios para sus propios placeres.

11:2 cuando salieron de oriente. Varias traducciones dicen «mientras viajaban hacia el este». Si el monte Ararat donde se posó el arca es el mismo Ararat que conocemos en la actual Turquía, entonces parece probable que los descendientes de Noé se desplazaran *hacia* el este, siempre que, por supuesto, la Torre de Babel se construyera en Babilonia, que se encuentra en la actual Irak. No podemos estar del todo seguros de las ubicaciones exactas de estos lugares.

Sinar. Probablemente Mesopotamia.

El gran proyecto. Ahora observaremos qué hará la humanidad con su don de unidad y comunicación. Resulta que Dios también está observando.

11:3 *se dijeron unos a otros.* Este es el primer indicio sutil de que los hombres se estaban volviendo hacia sí mismos en lugar de hacia Dios. No hay nada de malo en que las personas se unan para crear cosas; en realidad, esto es parte de lo que significa ser hechos a imagen de Dios. Sin embargo, se hace evidente que el hombre seguía tratando de convertirse en su propio dios en lugar de someterse ante su Creador.

hagamos ladrillo. Aquí vemos a la humanidad actuando a imagen de Dios, creando cosas que no existían antes (aunque el hombre está limitado a crear a partir de materiales existentes, mientras que Dios puede crear algo de la nada). Este es un ejemplo temprano de personas que se unen para inventar nuevas tecnologías.

Y les sirvió el ladrillo en lugar de piedra. Aquí vemos a la humanidad uniendo esfuerzos también para superar obstáculos ambientales. Al parecer, no había piedra en la región que fuera adecuada para la construcción, pero esta escasez no detuvo al hombre en su propósito de lograr su objetivo.

Gloria al hombre. Se revela la verdadera naturaleza del corazón del hombre: busca su propia gloria. El hombre intenta, una vez más, rendirse culto a sí mismo en lugar de a su Creador.

11:4 *edifiquémonos.* Aquí descubrimos un problema: la humanidad estaba enfocada en sí misma, no en Dios. Con esta afirmación, las personas estaban revelando la verdadera motivación detrás de sus proyectos de construcción.

una ciudad. Los arqueólogos creen que esta ciudad fue la base temprana de lo que llegaría a ser Babilonia. Esta ciudad es importante en la Escritura, ya que representa al enemigo terrenal del pueblo de Dios.

una torre. Quizás fue un zigurat, una gran estructura compuesta por cuadrados concéntricos que se elevan a gran altura. Este tipo de estructuras eran bastante comunes en la región babilónica y se utilizaban generalmente como templos dedicados a dioses paganos.

cuya cúspide llegue al cielo. Esta era, en realidad, una forma antigua de pensamiento humanista: la idea de que el hombre podía elevarse hasta ser igual a Dios. En Génesis 3 vimos de dónde se originó esta mentira; sin embargo, el hombre aún piensa de esta manera en tiempos modernos.

hagámonos un nombre. El objetivo oculto del hombre se revela una vez más: traer gloria a sí mismo y a sus logros. No hay mención de Dios, ya sea al buscar Su voluntad, glorificar Su nombre o incluso obedecer Sus mandamientos.

por si fuéremos esparcidos sobre la faz de toda la tierra. Esta fue la única referencia del hombre a los mandamientos de Dios, y consistió en la determinación de *no* obedecerlos. El hombre estaba decidido a no seguir las instrucciones divinas de dispersarse y poblar toda la tierra, por lo que Dios tendría que obligarlo a obedecer. Es importante señalar que el hombre parecía tener *miedo* de dispersarse por el mundo. Aquí hay una paradoja interesante: los motivos de la humanidad eran una mezcla de orgullo y miedo. Por un lado, buscaban traer gloria a sí mismos; por otro, temían ser «esparcidos», un término que implica ser forzado a moverse, mientras que Dios les había ordenado que «llenaran la tierra», una tarea que debió realizarse de manera voluntaria. El hombre no podía aceptar la idea de que Dios le dijera qué hacer; quería ser su propio dios.

Dios investiga. El Señor mismo desciende a la tierra, no para traer juicio, sino para buscar una forma de extender la gracia.

11:5 descendió Jehová para ver. En Génesis, por lo general, Dios descendía a la tierra en forma física para traer juicio. Sin embargo, Su motivación en tales «misiones de reconocimiento» siempre era buscar una oportunidad para extender gracia. Aquí lo encontramos viniendo a la tierra para investigar la gran ciudad y la torre que la humanidad estaba construyendo, y es probable que lo hiciera para ver si podía aplazar Su juicio.

11:6 el pueblo es uno. Aquí descubrimos una perspectiva interesante que va en contra del pensamiento universal de la humanidad moderna: ¡no es bueno que la humanidad caída haga esfuerzos para mantenerse unida! Dios declaró que era peligroso para la humanidad pecadora estar tan unida. De hecho, fue un acto de misericordia divina cuando confundió el lenguaje de los hombres y los dispersó por toda la tierra.

nada les hará desistir ahora de lo que han pensado hacer. Esta afirmación significa que, si Dios decidiera no intervenir, la humanidad continuaría su camino hacia una degradación moral aún mayor. La observación «y han comenzado la obra» indica que los seres humanos estaban regresando a un estado de depravación similar al de los días de Noé, un tiempo en el que Dios tuvo que destruir a todos los vivos. Sin una intervención divina, existe el riesgo de que la humanidad se hunda de nuevo en la maldad más profunda.

El juicio misericordioso de Dios. El Señor pronuncia Su juicio y dispersa a la humanidad para su propia protección.

11:7 Ahora, pues, descendamos. Dios habla consigo mismo, tal como lo hizo al principio cuando decidió crear a la humanidad (ver Génesis 1:26).

confundamos allí su lengua. De nuevo, como hemos visto, Dios estaba siendo misericordioso en este momento, porque la civilización unida se dirigía rápidamente hacia un desastre mayor. Al dificultar la comunicación, Dios obligó a los hombres a dividirse en ciudades y naciones independientes. Es interesante cómo nos hemos esforzado tanto por superar esta barrera en la actualidad. Estamos en una era de creciente comunicación mundial, y el Internet, las comunicaciones por satélite, los teléfonos inteligentes y otras tecnologías están convergiendo para cerrar la brecha del lenguaje. A simple vista, esto parece algo positivo, pero el libro de Apocalipsis revela que la reunificación global de la humanidad terminará, en última instancia, en desastre.

11:8 Así los esparció Jehová. Los peores temores del hombre se hicieron realidad. Es irónico que esta dispersión no trajera destrucción a la humanidad; por el contrario, condujo al dominio del hombre sobre todo el planeta. Aunque los hombres pueden negarse a obedecer a Dios, al final serán obligados a cumplir Su voluntad. El propósito de Dios se cumplirá, ya sea que el hombre lo desee o no. Al final, «se doblará toda rodilla, y toda lengua confesará» (Romanos 14:11), de forma voluntaria o no, que Jesucristo es el Señor.

11:9 Babel. Un juego de palabras en un término hebreo que significa «confusión». De nuevo, la ubicación es incierta, pero quizás se trata de la antigua ciudad de Babilonia, situada en la actual Irak.

Analice el texto

1. *¿Qué fue lo que hizo la humanidad en este pasaje que desagradó a Dios? ¿Por qué hicieron estas cosas? ¿Por qué Dios no estaba complacido?*

2. *¿Por qué quería Dios que las personas se dispersaran y poblaran la tierra?*

3. *¿Por qué cree usted que los descendientes de Noé no siguieron este mandato?*

4. *¿Cuándo se ha sentido contrariado debido a una mala comunicación? ¿Alguna vez un malentendido resultó en algo positivo en su vida?*

Explore el significado

Los mayores logros del hombre no pueden eliminar la maldición. Desde el comienzo de la historia humana, las personas han intentado elevarse por encima de las limitaciones de la tierra y, en última instancia, por encima de la maldición de la muerte. Fue el deseo de Adán de elevarse al nivel de Dios lo que trajo la maldición sobre la humanidad en primer lugar. Observamos el mismo comportamiento repetido en la torre de Babel.

La humanidad no ha cambiado con el tiempo, y seguimos persiguiendo el mismo sueño fútil en el siglo XXI. Estamos impulsados por la esperanza de que la ciencia moderna, la medicina, la tecnología y otros campos de estudio nos permitan algún día evolucionar hacia un plano superior de existencia, más allá de la amenaza de la enfermedad y la muerte. Hoy en día, la exploración espacial es un intento de personas de diferentes países para colaborar, comunicarse y trabajar en conjunto, con la esperanza de liberarse de las limitaciones de su entorno terrenal.

Sin embargo, la Biblia es clara: dondequiera que vaya el hombre, lleva consigo la maldición del pecado. Nunca habrá escape de la muerte hasta que Dios mismo establezca Su reino eterno (ver Apocalipsis 21:1-4).

El instinto natural del hombre es abusar de los dones de Dios. Vimos este principio en acción desde el inicio, cuando Adán abusó de su estatus privilegiado al elegir desobedecer en lugar de obedecer. Lo vemos nuevamente en Génesis 11, cuando la humanidad utilizó los dones del habla y la creatividad para traer gloria a sí misma en lugar de a Dios.

Esta es la tendencia natural del hombre: elevarse a la igualdad con Dios en un esfuerzo por evitar rendir cuentas ante el Creador. El resultado final siempre es el mismo: el hombre queda alienado de sus semejantes y también de Dios. Sin embargo, la buena noticia es que esta *no* es la tendencia natural del hombre *regenerado*. Se nos otorga la libertad de la esclavitud de nuestra naturaleza pecaminosa a través del Espíritu Santo, que entra en nuestras vidas cuando aceptamos el regalo de renacimiento que Dios nos ofrece a través de la sangre de Cristo. A través de Jesús, obtenemos un nuevo conjunto de dones, dones espirituales, y aprendemos una nueva manera de usar esos dones para la gloria de Dios.

Dios siempre obra para ofrecer gracia. A menudo, Dios descendía a la tierra en el libro de Génesis porque el pecado de la humanidad había alcanzado un punto de crisis. Bajó para investigar y ver si los informes sobre la maldad del hombre eran ciertos. No lo hizo porque le faltara conocimiento, o porque no sabía con certeza, sino porque estaba buscando una forma de ofrecer gracia a los seres humanos pecadores.

Vimos esto en el huerto del Edén, cuando Dios se acercó a Adán y lo guio hacia la confesión de su pecado (ver Génesis 3). Dios confrontó a Caín y le ofreció orientación sobre cómo arrepentirse y evitar pecados mayores (ver Génesis 4). Más tarde, se acercó a Abraham para buscar una forma de evitar la destrucción de Sodoma y Gomorra (ver Génesis 18) y vino a la torre de Babel, buscando una manera de prevenir que la humanidad completara su camino imprudente hacia la destrucción.

Al final, Dios vendría a la tierra en forma humana a través de la persona de Jesucristo. Este sería el acto supremo de gracia y redención, adquirido al precio más alto: Su propia muerte en la cruz. Sin embargo, esto también nos muestra cuánto desea Dios reconciliarse con la humanidad.

Reflexione sobre el texto

5. *¿De qué maneras las sociedades modernas repiten los errores de la gente en Babel?*

6. *¿Cuándo ha confiado en otras personas, o en la tecnología o la ciencia, en lugar de en Dios? ¿Cuándo se ha visto obligado a confiar solo en Dios?*

7. *¿Cuándo ha intentado desobedecer la Palabra de Dios? ¿Cuál fue el resultado?*

8. *¿Cómo ha visto la gracia de Dios en su propia vida?*

Respuesta personal

9. *¿Utiliza los dones de Dios para su propio beneficio o para Su gloria? ¿Se caracteriza su vida más por su propia gloria o por la gloria de Dios?*

10. *¿En qué área le está pidiendo Dios que sea más obediente a Él?*

Notas:

Notas:

12

Revisión de principios fundamentales

Contexto

Hemos abarcado un período importante de la historia humana durante estos estudios, comenzando en el primer día de la creación y avanzando hasta el año 2150 a. C. aproximadamente, es decir, cerca de 2000 años. Los eventos más importantes y trascendentales de la historia humana, aparte de la obra de Cristo, han ocurrido durante este tiempo.

La manera en que entendemos y tratamos los primeros capítulos de Génesis determinará cómo abordamos el resto de la Biblia. Nuestra visión sobre la creación, el pecado y la redención influirá en nuestra percepción de Jesús mismo. Estos temas son de gran importancia para los cristianos, y debemos asegurarnos de comprender en realidad lo que Moisés enseñaba en estos capítulos.

Lo siguiente representa algunos de los temas principales que hemos discutido. Hay muchos otros que no se incluyen aquí, así que tómese un tiempo para revisar los estudios anteriores, o mejor aún, para meditar en los pasajes de la Escritura que hemos abordado. Pida que el Espíritu Santo le dé sabiduría y discernimiento sobre Su Palabra.

Acercamiento

Al reflexionar sobre cada uno de los estudios de Génesis 1-11, ¿cuál es el aspecto que más le llamó la atención? ¿Qué nueva perspectiva ha aprendido?

Explore el significado

Dios siempre está obrando para ofrecer Su gracia a la humanidad. Génesis 1–11 documenta varias ocasiones en las que la humanidad había hecho cosas tan malas que estaba bajo la ira de Dios. Sin embargo, en cada una de estas ocasiones (como la caída, el asesinato por parte de Caín, el diluvio y la torre de Babel), Dios extendió Su gracia. Dios siempre esta presto a manifestar Su gracia y es lento en desatar Su ira. También debemos recordar que Su plan a veces toma mucho tiempo, al menos desde una perspectiva humana. Él prometió a Adán y Eva que les enviaría un Redentor para quitar la maldición de la muerte, pero pasaron alrededor de 4000 años antes de que Cristo naciera. El cumplimiento final de esa promesa aún está en el futuro, cuando Cristo establezca Su reino eterno y abole la maldición de la muerte para siempre.

La paciencia de Dios con el hombre pecador es, en realidad, la razón por la cual aún no ha establecido el futuro reino de Cristo. Aún hay más personas a las que desea salvar con gracia.

Dios en persona creó al hombre a Su imagen, en un día de 24 horas. Hemos visto este tema a lo largo de los primeros 11 capítulos de Génesis, comenzando en la creación y continuando a través de la dispersión de la raza humana en lo que incluso los evolucionistas confiesan ser las primeras civilizaciones de la humanidad. La Palabra de Dios no tolera ningún elemento de la enseñanza evolutiva. Desde el principio, queda claro que Dios creó el universo en seis días literales. No hay ningún elemento de evolución en esto.

Este principio en particular es controvertido en la iglesia hoy en día, ya que muchos maestros y teólogos han afirmado que la palabra «día» en Génesis 1 en realidad significa «un gran lapso de tiempo». Sin embargo, como hemos visto en nuestros estudios, la Palabra de Dios reitera que Dios habló y toda la vida, tanto humana como de otras especies, comenzó a existir de forma literal y en su plenitud.

El peligro a largo plazo de intentar forzar la evolución en Génesis es que negamos las enseñanzas de la Biblia sobre el pecado y la necesidad del hombre de un Redentor, lo que, a su vez, desvaloriza la obra de Cristo. El Nuevo Testamento es perfectamente claro en este asunto: la muerte entró en el mundo a través del pecado real de un hombre real llamado Adán, y la muerte no existía en el mundo antes de su pecado. Si no hubo muerte, y por lo tanto no hubo selección natural, no hubo evolución.

Dios estableció un orden en el momento de la creación, una jerarquía de autoridad. Creó a la raza humana para que gobernara sobre el resto de la creación y estuviera a la cabeza de ella. Adán fue creado primero, y Eva de su costilla, porque Adán debía tener autoridad sobre su esposa y sus descendientes. Satanás entró en el huerto del Edén con la intención de alterar este orden establecido. Su objetivo era tentar a Adán y Eva a cometer un acto de rebelión contra la autoridad de Dios. Hoy en día, el tema de la autoridad sigue siendo delicado tanto en el mundo como en la Iglesia. Su controversia radica en su importancia. Es fundamental para el pueblo de Dios y para Su Iglesia que observemos y nos sometamos a Su orden creado. Esto tiene implicaciones sobre los roles de hombres y mujeres en la iglesia y el hogar, el respeto que los hijos deben a sus padres, y la actitud adecuada de sumisión que las personas deben tener hacia las autoridades terrenales.

El concepto de autoridad se remonta a la semana de la creación, antes de la entrada del pecado y la muerte en el mundo. La estructura de autoridad está entrelazada en el mismo tejido de la creación, y la humanidad ignora o reemplaza este orden con consecuencias desastrosas.

No necesitamos un «conocimiento superior› para comprender la Palabra de Dios. Muchas personas dentro de la Iglesia hoy en día afirman que no podemos entender completamente los primeros capítulos de Génesis sin primero adquirir algún conocimiento adicional, ya sea sobre ciencia moderna, antropología, arqueología o textos paganos antiguos. Esta afirmación es falsa.

La Palabra de Dios es Su revelación escrita de Sí mismo a la humanidad, y como tal, Dios desea que sea clara y comprensible para todos los que la lean. Esto no significa que no haya pasajes que inviten a la reflexión, en realidad, es todo lo contrario. La Palabra de Dios a menudo contradice las enseñanzas del mundo y puede convertirse en un «tropiezo» para quienes la leen. Este tropiezo ocurre cuando las personas se ven obligadas a elegir entre las enseñanzas de los hombres y la Palabra de Dios.

El conocimiento es, sin duda, algo positivo. De hecho, la Biblia tiene como propósito que hombres y mujeres lleguen a conocer a Dios. Un aprendizaje avanzado puede ser útil en este proceso; por ejemplo, saber leer griego o hebreo permite profundizar en el significado de los manuscritos originales. Sin embargo, *no* se necesita este conocimiento para entender el mensaje de la Escritura. Lo único necesario es tener un corazón regenerado, una disposición a someterse a lo que la Biblia enseña de forma directa y la guía del Espíritu Santo.

Dios es tanto misericordioso como justo. Ofrece Su misericordia y gracia a todos, revelando al mundo el evangelio de la gracia: que la salvación del pecado y la muerte se encuentra a través de Su Hijo, Jesucristo. Sin embargo, también es fundamental satisfacer la justicia de Dios. Aquellos que aceptan a Cristo como su Salvador han cumplido con esta justicia a través del sacrificio de Jesús. En cambio, quienes rechazan este regalo descubrirán que tienen una deuda eterna que saldar. En cualquier caso, la justicia de Dios será cumplida.

Lamentablemente, quienes intentan pagar su propia deuda con Dios, o que niegan tener deuda alguna, se darán cuenta de que no pueden hacerlo. La justicia de Dios exige un sacrificio de sangre por el pecado, no un sacrificio de obras o de ser «una buena persona». Los vecinos de Noé tuvieron tiempo suficiente para arrepentirse de sus pecados y buscar a Dios para su salvación, pero llegó el día en que la justicia de Dios cayó sobre ellos. Hicieron sus propias elecciones y se encontraron enfrentando la justicia de Dios.

El pueblo de Dios está llamado a cubrir el pecado, no a regodearse en él. Debemos trabajar de manera diligente y misericordiosa para ayudar a nuestros hermanos y hermanas que están en error. En lugar de disfrutar al descubrir su vergüenza, debemos amarlos y cubrir su deshonra.

Las palabras de Santiago resumen este concepto: «Hermanos, si alguno de entre vosotros se ha extraviado de la verdad, y alguno le hace volver, sepa que el que haga volver al pecador del error de su camino, salvará de muerte un alma, y cubrirá multitud de pecados» (Santiago 5:19-20). Pedro también nos recuerda que «el amor cubrirá multitud de pecados» (1 Pedro 4:8; ver también Proverbios 10:12).

En un sentido práctico, esto significa que debemos desafiar con amor a los hermanos y hermanas en Cristo que caen en comportamientos pecaminosos y animarlos a que continúen caminando con Dios. Debemos hacer esto de manera discreta, de acuerdo con el proceso que Jesús expuso en Mateo 18, y con mucha oración. Nunca debemos alegrarnos ni chismear sobre la situación.

Estamos llamados a caminar con Dios. Noé es solo uno de muchos en la Escritura que «caminó con Dios». Estos hombres y mujeres vivían con la conciencia de la presencia de Dios en todo momento. A donde quiera que iban, caminaban como si Dios estuviera a su lado. Cada palabra que pronunciaban y cada acción de sus vidas estaba marcada por el reconocimiento de que Dios estaba mirando y escuchando. Este estilo de vida es alcanzable para todos quienes han aceptado a Jesús como Salvador, porque tenemos al Espíritu Santo morando en nosotros, ¡y Él desea este estilo de vida para nosotros incluso más de lo que nosotros mismos lo deseamos!

La clave, como lo demostró Noé, es confiar y obedecer. Noé fue rápido para adorar a Dios, rápido para creer Su palabra y rápido para obedecer. Este sigue siendo el camino para caminar con Dios en nuestro siglo.

Analice el texto

1. *¿Cuál de los conceptos o principios en los primeros 11 capítulos de Génesis ha encontrado más alentador? ¿Por qué?*

2. *¿Cuál de los conceptos o principios ha encontrado más desafiante? ¿Por qué?*

3. *¿Qué aspectos de «caminar con Dios» ya está practicando en su vida? ¿Qué áreas necesita reforzar?*

4. *¿Cuál de los personajes que hemos estudiado le ha resultado más familiar? ¿Cómo podría imitar a esa persona en su propia vida?*

Respuesta personal

5. *¿Ha optado de forma radical por Jesucristo? ¿Ha aceptado Su regalo gratuito de salvación? Si no es así, ¿qué le impide hacerlo?*

6. *¿En qué áreas de su vida se ha sentido más convencido durante este estudio? ¿Qué acciones específicas llevará a cabo para abordar estas convicciones? Sea específico.*

7. *¿Qué ha aprendido sobre el carácter de Dios durante este estudio? ¿Cómo ha afectado esta comprensión su vida de adoración o de oración?*

8. *¿Cuáles son algunas cosas específicas que le gustaría que Dios hiciera en su vida durante el próximo mes? ¿Qué cambios planea hacer en su propia vida durante ese tiempo? (Regrese a esta lista en un mes y compórtese de acuerdo con estas metas).*

Notas:

Si desea continuar con su estudio
del Antiguo Testamento, lea el
siguiente título de esta serie:
Génesis 12–33: El padre de Israel.

UNIDOS en la fe

- BASADO EN LA SERIE -
PROYECTO EVANGELIO

www.serieunidos.com/fe

LA SERIE COMPLETA

Unidos en la fe es un estudio que explora el mensaje de la Biblia utilizando un acercamiento teológico y doctrinal. Incluye 48 sesiones semanales que abordan preguntas sobre las doctrinas esenciales de la fe cristiana. Cada participante podrá estudiar la Escritura por medio de una serie de preguntas con diferentes grados de dificultad y desarrollará las respuestas utilizando con un método teológico y filosófico pero sencillo y aplicativo a la vez. (8 volúmenes). ISBN: 9781087780498

VOLÚMENES INDIVIDUALES

Unidos en Jesús LA REVELACIÓN

Este volumen está enfocado en las preguntas más comunes que los creyentes tienen sobre la doctrina de la revelación de Dios. Los participantes podrán sustentar cómo Dios se da a conocer por medio de la creación y la Escritura, y cómo los creyentes podemos vivir esos principios en nuestra propia relación con Dios (6 semanas).

ISBN: 9781087780504

Unidos en Jesús DIOS

Este volumen está enfocado en las preguntas más comunes que los creyentes tienen sobre la doctrina de la persona de Dios. Los participantes estudiarán los fundamentos de la teología cristiana sobre nuestro Dios y afianzarán su fe descubriendo Sus atributos maravillosos. (6 semanas).

ISBN: 9781087780511

Unidos en Jesús LA CREACIÓN

Este volumen está enfocado en las preguntas más comunes que los creyentes tienen sobre la doctrina de la creación. Los participantes podrán contemplar los fundamentos de obra creadora de Dios y así entender el propósito de la existencia del mundo, los seres humanos y animales, los ángeles y demonios, y cómo el pecado distorsionó su diseño original. (6 semanas).

ISBN: 9781087780528

Unidos en Jesús LA CAÍDA

Este volumen está enfocado en las preguntas más comunes que los creyentes tienen sobre la doctrina de la caída del ser humano. Los participantes podrán comprender lo que la Biblia quiere decir con el pecado, el mal y las tentaciones y así allanar el terreno para entender mejor la obra redentora de Dios. (6 semanas).

ISBN: 9781087780535

Unidos en Jesús LA REDENCIÓN

Este volumen está enfocado en las preguntas más comunes que los creyentes tienen sobre la doctrina de la redención de Dios. Los participantes podrán contemplar cómo la gracia y la misericordia de Dios se han venido manifestando desde antes de la creación del mundo. Aprenderán a articular el evangelio, la encarnación, el Mesías, la muerte y resurrección de Cristo y la presencia del Espíritu Santo. (6 semanas).

ISBN: 9781087780542

Unidos en Jesús LA RESTAURACIÓN

Este volumen está enfocado en las preguntas más comunes que los creyentes tienen sobre la doctrina de la restauración de Dios. Los participantes podrán entender los principios del reino de Dios y cómo los creyentes somos parte del plan de Dios para extender Su mensaje. Los participantes también podrán abordar bíblicamente las implicaciones de la muerte. (6 semanas).

ISBN: 9781087780559

Unidos en Jesús EL CARÁCTER DE LA IGLESIA

Este volumen está enfocado en las preguntas más comunes que los creyentes tienen sobre el carácter de la iglesia. Los participantes podrán entender la importancia de entender qué es, quién es, y cómo es la iglesia. Estos fundamentos son clave para afianzar nuestras vidas en la iglesia, y las iglesias construir congregaciones sanas. (6 semanas).

ISBN: 9781087780566

Unidos en Jesús LA MISIÓN DE LA IGLESIA

Este volumen está enfocado en las preguntas más comunes que los creyentes tienen sobre la doctrina de la misión de la iglesia. Este último volumen enseña a los participantes el propósito, la misión, la importancia de los ministros y el liderazgo, el servicio y los sacramentos que testifican a nuestra sociedad de la luz de Jesús. (6 semanas).

ISBN: 9781087780573

UNIDOS ESTUDIOS BÍBLICOS

Unidos busca servir a la iglesia de habla hispana en todo el mundo ofreciendo materiales y herramientas para el estudio sistemático de la Palabra de Dios. Conoce más en *www.serieunidos.com.*

www.serieunidos.com

serieunidos.com

EQUIPA por Lifeway

Lifeway recursos

UNIDOS en el evangelio

www.serieunidos.com/evangelio

- BASADO EN LA SERIE -
FUNDAMENTOS DEL EVANGELIO

LA SERIE COMPLETA

Basado en la serie "Fundamentos del evangelio", este programa ofrece una serie de estudios que trazan el desarrollo del plan de Dios para redimir a los pecadores por medio del evangelio de Jesús comenzando en el libro de Génesis y terminando en el Apocalipsis. Cada participante aprenderá el panorama general de la historia de redención comprendiendo la forma en la que cada libro y cada historia de la Biblia contribuyen al mensaje del evangelio (6 volúmenes).

ISBN: 9781087746470

VOLÚMENES INDIVIDUALES

Unidos en el evangelio
EL DIOS CREADOR

Este estudio muestra el propósito de Dios en la creación, y la forma en que diseñó a la humanidad para llevar Su imagen y glorificar Su nombre al gobernar sobre la creación (7 semanas).

ISBN: 9781087745312

Unidos en el evangelio
UN PUEBLO ERRANTE

Este estudio explorará como Dios rescató a Su pueblo y les reveló su necesidad de una redención aún más grande: la redención de sus corazones de la esclavitud del pecado (7 semanas).

ISBN: 9781087745329

Unidos en el evangelio
LA ESPERANZA DE UN REY

Este estudio demuestra que Dios fue fiel a Su promesa de proveer reyes para guiar a Su pueblo, pero ninguno de ellos pudo vencer la pecaminosidad de su corazón (7 semanas).

ISBN: 9781087745350

Unidos en el evangelio
EL RESCATE PROMETIDO

En este estudio se descubrirá la forma en que Dios busca a Su pueblo con una promesa, la promesa: de la venida de un Redentor, y el rescate de su cautividad al pecado (7 semanas).

ISBN: 9781087745367

Unidos en el evangelio
DIOS CON NOSOTROS

En este estudio se observará la forma en que el plan de redención de Dios culminó en la vida, muerte y resurrección de Jesús, el Redentor prometido, Dios mismo (7 semanas).

ISBN: 9781087745404

Unidos en el evangelio
EL REINO EN LA TIERRA

Este estudio muestra que la historia del evangelio termina con el regreso de Jesús, y con la renovación de todas las cosas, donde disfrutaremos una relación perfecta con Dios (7 semanas).

ISBN: 9781087745411

UNIDOS ESTUDIOS BÍBLICOS

Unidos busca servir a la iglesia de habla hispana en todo el mundo ofreciendo materiales y herramientas para el estudio sistemático de la Palabra de Dios. Conoce más en *www.serieunidos.com*.

www.serieunidos.com

serieunidos.com

EQUIPA por Lifeway

Lifeway recursos

UNIDOS en Jesús

www.serieunidos.com/jesus

- BASADO EN LA SERIE -
EL CAMINAR DEL DISCÍPULO

LA SERIE COMPLETA

Basado en la serie "El caminar del discípulo", este programa está basado en el modelo de discipulado que Jesús utilizó con sus discípulos. La serie ofrece un programa intencional para líderes y creyentes que buscan un discipulado que transforma, y ayudará a los seguidores de Cristo a crecer hasta convertirse en discipuladores maduros. Esta serie enfatiza los siguientes principios: modelar, aprender, poner en práctica y multiplicar (6 volúmenes).

ISBN: 9781087746487

VOLÚMENES INDIVIDUALES

Unidos en Jesús EL COMIENZO

El Comienzo, ofrece lecciones que exploran los fundamentos de la fe en Jesús, y responde a las preguntas más importantes para los nuevos seguidores de Jesús (5 semanas).

ISBN: 9781087745428

Unidos en Jesús EL CAMINO

El Camino, se enfoca en el peregrinaje de los seguidores originales de Jesús y lo usa como modelo para guiar a los nuevos discípulos a caminar por la senda del evangelio (5 semanas).

ISBN: 9781087745435

Unidos en Jesús EL LLAMADO

El Llamado, se enfoca en entender quién es realmente Jesús y se examina las prioridades del discípulo, el costo del discipulado y fruto de un discípulo (6 semanas).

ISBN: 9781087745442

Unidos en Jesús LA VERDAD

La Verdad, explora las doctrinas fundamentales de la fe que guían la vida de un discípulo de Jesús, y enseña maneras de aplicar las doctrinas fundamentales a la vida cotidiana (6 semanas).

ISBN: 9781087745459

Unidos en Jesús LA VIDA

La Vida, estudia la práctica de disciplinas tales como leer la Biblia, orar, vivir en comunidad, servir y evangelizar. Explora además la relación entre las disciplinas y la vida del discípulo (6 semanas).

ISBN: 9781087745466

Unidos en Jesús LA MISIÓN

La Misión, concluye esta serie admirando la grandeza de la misión de Dios en el mundo, y el papel crucial del discípulo en Su plan redentor, siendo Jesús el centro de su vida y sus acciones (6 semanas).

ISBN: 9781087745473

UNIDOS ESTUDIOS BÍBLICOS

Unidos busca servir a la iglesia de habla hispana en todo el mundo ofreciendo materiales y herramientas para el estudio sistemático de la Palabra de Dios. Conoce más en *www.serieunidos.com.*